Grammatik kurz & bündig
FRANZÖSISCH

von Gabriele Forst

Neubearbeitung
von Stephan Buckenmaier

PONS GmbH
Stuttgart

PONS
Grammatik kurz & bündig
FRANZÖSISCH

von
Gabriele Forst

Neubearbeitung
von Stephan Buckenmaier

Auf der Basis von ISBN 978-3-12-561143-6.
Inhaltlich identisch mit ISBN 978-3-12-561406-2.

Auflage A1 5 4 3 2 1 / 2014 2013 2012 2011

© PONS GmbH, Rotebühlstraße 77, 70178 Stuttgart, 2011
PONS Produktinfos und Shop: www.pons.de
PONS Sprachenportal: www.pons.eu
E-Mail: info@pons.de
Alle Rechte vorbehalten.

Logoentwurf: Erwin Poell, Heidelberg
Logoüberarbeitung: Sabine Redlin, Ludwigsburg
Titelfoto: Vlado Golub, Stuttgart
Einbandgestaltung: Tanja Haller, Petra Hazer, Stuttgart
Illustrationen: Stefan Theurer, Eningen
Layout: Satz und mehr, Besigheim
Satz: Fotosatz Kaufmann, Stuttgart
Druck und Bindung: Print Consult GmbH, Oettingenstraße 23, München

Printed in Spain.
ISBN: 978-3-12-561634-9

So benutzen Sie dieses Buch

Die **PONS Grammatik kurz & bündig FRANZÖSISCH** bietet Ihnen eine übersichtliche Darstellung der aktuellen französischen Sprache. Anhand zahlreicher französischer Beispielsätze mit deutschen Übersetzungen können Sie die Regeln der französischen Sprache auf einfache und verständliche Weise erlernen oder wiederholen.

Wenn Sie schnell und gezielt etwas nachschlagen wollen, hilft Ihnen dabei unser Leitsystem: Orientieren Sie sich zunächst an den **Kopfzeilen** mit den Kapitelüberschriften. Zu den Unterkapiteln, die Sie besonders interessieren, gelangen Sie dann ganz leicht mit Hilfe der **Fußzeilen**!

Darüber hinaus finden Sie unter der Rubrik **Leicht gemerkt!** das Wichtigste zu jedem Kapitel in diesem Buch noch einmal in Kurzform zusammengefasst. Wenn Sie sich also zu einem bestimmten Grammatikthema einen kurzen, aber gründlichen Überblick verschaffen wollen, dann können Sie sich an diesem Leicht-Merk-System orientieren!

Bei der Arbeit mit diesem Buch helfen Ihnen die folgenden Symbole:

   Hier wird eine Regel formuliert oder auf eine Besonderheit hingewiesen, die Sie nicht übersehen sollten.

   Kleine Tipps verraten Ihnen an dieser Stelle, wie Sie sich die Regeln besser merken können.

   Hier werden Unterschiede zwischen dem Deutschen und dem Französischen aufgezeigt.

   Bestimmte Regeln kann man sich auch spielerisch ganz leicht erarbeiten. Probieren Sie doch einmal unsere Spiel- und Übungsvorschläge an dieser Stelle aus!

▶   Hier wird auf ein anderes Grammatikkapitel verwiesen, z.B. ▶ Der bestimmte Artikel.

Im Anhang finden Sie außerdem **Wichtige Grammatikbegriffe in der Übersicht** und ein ausführliches **Stichwortregister**, mit dem Sie nach bestimmten Themen gezielt suchen können. So wird die **PONS Grammatik kurz & bündig FRANZÖSISCH** zu Ihrem wertvollen Begleiter beim Erlernen der französischen Sprache.

Viel Spaß und Erfolg!

Inhalt

1 L'article - *Der Artikel*...................................... 6
Der bestimmte Artikel 6
Der unbestimmte Artikel 8
Der Teilungsartikel 8

2 Le substantif - *Das Substantiv*............................. 12
Das Geschlecht der Substantive................................ 12
Der Plural der Substantive 16
Nominativ, Genitiv, Dativ, Akkusativ 16

3 L'adjectif - *Das Adjektiv* 19
Die Stellung des Adjektivs 19
Die Formen des Adjektivs...................................... 20
Die Adjektive *beau, nouveau* und *vieux*...................... 23
Die Steigerung der Adjektive 25

4 L'adverbe - *Das Adverb*................................... 28
Die Formen des Adverbs....................................... 28
Die Stellung der Adverbien.................................... 30
Die Steigerung der Adverbien 31

5 Les pronoms - *Die Pronomen* 33
Die verbundenen Personalpronomen............................ 33
Die unverbundenen Personalpronomen 35
Die direkten Objektpronomen 36
Die indirekten Objektpronomen................................ 39
Die Reflexivpronomen 41
Das Adverbialpronomen *en* 41
Das Adverbialpronomen *y*.................................... 44
Die Stellung der Pronomen bei mehreren Pronomen im Satz 45
Die Demonstrativbegleiter 46
Die Demonstrativpronomen.................................... 47
Die Possessivbegleiter 48
Die Possessivpronomen 49
Die Indefinitpronomen.. 51

6 La négation - *Die Verneinung*.............................. 56
Die Verneinungselemente 56
Die Stellung der Verneinungselemente 57
Die Verneinung in Verbindung mit Mengen 59

7 Le verbe - *Das Verb* 61
Die Bildung der Verben auf *-er* im Präsens 61
Die Bildung der Verben auf *-ir* im Präsens.................... 64
Die Bildung der Verben auf *-re* im Präsens 65
Die wichtigsten unregelmäßigen Verben im Präsens 66
Die Bildung der reflexiven Verben 70
Die Bildung des Imparfait 70
Die Bildung des Passé composé................................ 72
Die Bildung des Plusquamperfekts 75
Die Bildung des Passé simple 76
Die Bildung des Futur composé................................ 78

Inhalt

Die Bildung des Futurs I 78
Die Bildung des Futurs II. 80
Die Bildung des Konditionals I 81
Die Bildung des Konditionals II. 83
Die Bildung des Partizips Perfekt. 84
Die Bildung des Partizips Präsens 84
Die Bildung des Gerundiums. 85
Die Bildung des Imperativs. 85
Die Bildung des Subjonctif. 86
Die Bildung des Subjonctif passé. 89
Die Bildung des Passivs 90

8 L'emploi des temps et des modes - *Der Gebrauch der Zeiten und Modi* 92
Die wichtigsten Zeiten in der Übersicht 92
Der Gebrauch des Präsens. 92
Der Gebrauch des Imparfait 92
Der Gebrauch des Passé composé. 93
Der Gebrauch des Plusquamperfekts. 93
Der Gebrauch des Passé simple 94
Der Gebrauch des Futur composé. 95
Der Gebrauch des Futurs I 95
Der Gebrauch des Futurs II. 96
Der Gebrauch des Konditionals I 96
Der Gebrauch des Konditionals II 97
Der Gebrauch des Partizips Präsens 97
Der Gebrauch des Gerundiums. 97
Der Gebrauch des Subjonctif. 99

9 Les types de phrases - *Satzarten*. 104
Der Aussagesatz 104
Der Fragesatz. 104
Der Relativsatz. 110
Der Bedingungssatz. 114
Die indirekte Rede 116

10 Les numéraux et les indications du temps - *Zahlen und Zeitangaben* 120
Die Grundzahlen 120
Die Ordnungszahlen. 123
Die Bruchzahlen 125
Die Datumsangabe 126
Die Zeitangabe. 126

11 Les prépositions - *Die Präpositionen* 128
Die Präpositionen des Ortes 128
Die Präpositionen der Zeit 131
Modale Präpositionen 134

12 Les conjonctions - *Die Konjunktionen* 137
Beiordnende Konjunktionen 137
Unterordnende Konjunktionen. 137

Wichtige Grammatikbegriffe in der Übersicht 140

Stichwortregister 141

1 | L'article – *Der Artikel*

Der bestimmte Artikel

Die Formen des bestimmten Artikels

	vor Konsonant		vor stummem **h**		vor Vokal	
männliche Formen						
Singular	le	train	l'	hôtel	l'	arbre
Plural	les	trains	les	hôtels	les	arbres
weibliche Formen						
Singular	la	ville	l'	heure	l'	autoroute
Plural	les	villes	les	heures	les	autoroutes

▶▶ Im Französischen gibt es im Gegensatz zum Deutschen nur einen männlichen und weiblichen Artikel. Für den bestimmten Artikel *das* (Neutrum) gibt es im Französischen keine Entsprechung.

❗ Der bestimmte Artikel im Singular lautet für männliche Substantive **le,** für weibliche Substantive **la.** Vor Vokal und stummem **h** werden **le** und **la** zu **l'.**
Im Plural heißt der bestimmte Artikel für **le, la** und **l'** einfach **les.**

Da das Geschlecht der Substantive im Französischen oft anders ist als im Deutschen, ist es sinnvoll, den bestimmten Artikel im Singular bei neuen Vokabeln gleich mitzulernen, z.B.
le livre *das Buch*, **la place** *der Platz*, **la tour** *der Turm*.

Die Präpositionen à und de und der bestimmte Artikel

à			de		
Je pense	au	travail.	**Je parle**	du	travail.
	à l'	hôtel.		de l'	hôtel.
	aux	copains.		des	copains.
	à la	discothèque.		de la	discothèque.
	à l'	école.		de l'	école.
	aux	grandes villes.		des	grandes villes.

Die Präpositionen **à** und **de** verschmelzen mit den bestimmten Artikeln **le** und **les** jeweils zu einem Wort:

à + le	=	au	de + le	=	du
à + les	=	aux	de + les	=	des

Der Gebrauch des bestimmten Artikels

Im Gegensatz zum Deutschen verwendet man den bestimmten Artikel im Französischen bei:

- der Gesamtheit einer Menge:	**J'aime les livres.**	*Ich mag Bücher.*
- Eigennamen:	**Les Noblet habitent à Paris.**	*(Die) Noblets wohnen in Paris.*
- Titeln:	**Le docteur Lacroix est parti en vacances.**	*Doktor Lacroix ist in Urlaub gefahren.*
- Körperteilen:	**Géraldine a les yeux verts.**	*Géraldine hat grüne Augen.*
- Zeitangaben, die eine Regelmäßigkeit ausdrücken:	**Le mercredi après-midi je n'ai pas cours.**	*Mittwoch nachmittags habe ich keinen Unterricht.*
- festen Wendungen:	**J'apprends le français.**	*Ich lerne Französisch.*

Der Gebrauch des bestimmten Artikels bei geografischen Angaben

Je connais l'Amérique.	*Ich kenne Amerika.*
J'aime le Mali.	*Ich mag Mali.*
J'aime les Etats-Unis.	*Ich mag die Vereinigten Staaten.*
Le Poitou est situé dans le sud-ouest de la France.	*Das Poitou befindet sich im Südwesten Frankreichs.*

Sie haben sicherlich bemerkt, dass der bestimmte Artikel im Französischen bei Ländernamen immer gebraucht wird. Im Deutschen wird er dagegen in der Regel nur bei weiblichen Ländernamen benutzt (z.B. *Wir fahren in **die** Schweiz.*).

Vor Kontinenten, Ländern und Provinzen wird der Artikel im Französischen verwendet. Bei weiblichen Ländernamen wird der Artikel oft nicht verwendet, wenn sie in Verbindung mit der Präposition **en, de** und **d'** stehen:

Ma famille habite en France, mais mon père vient de Belgique et ma mère vient d'Allemagne.
Meine Familie wohnt in Frankreich, aber mein Vater kommt aus Belgien und meine Mutter kommt aus Deutschland.

Der unbestimmte Artikel

	männlich		weiblich	
Singular	un	livre	une	voiture
Plural	des	livres	des	voitures

Der unbestimmte Artikel lautet bei männlichen Substantiven im Singular **un** und bei weiblichen Substantiven **une.** Im Plural werden **un** und **une** zu **des.**

Sie wissen sicherlich schon, dass es im Deutschen keinen Plural des unbestimmten Artikels gibt.
Er fällt im Deutschen einfach weg.

| J'achète | un | livre. | *Ich kaufe ein Buch.* |
| J'achète | des | livres. | *Ich kaufe Bücher.* |

Der Teilungsartikel

Das Deutsche kennt den Teilungsartikel nicht!
Also aufgepasst!

Die Formen des Teilungsartikels

Der Teilungsartikel besteht aus der Präposition **de** und dem bestimmten Artikel:

Jean prend son petit-déjeuner. *Jean frühstückt.*
Il prend   du   pain,   *Er nimmt   Brot,*
          de la   confiture,   *Marmelade,*
          de l'   eau.   *Wasser.*

Der Gebrauch des Teilungsartikels

1. Der Teilungsartikel wird verwendet, wenn man eine unbestimmte Menge, d.h. unzählbare Dinge, bezeichnen möchte. Er gibt einen Teil eines Ganzen an.

2. Der Teilungsartikel wird allerdings nicht verwendet, wenn eine Sorte oder Gattung als solche bezeichnet wird. In diesem Fall benutzt man den bestimmten Artikel:

Il aime le café, mais il déteste le thé. *Er mag Kaffee, aber er verabscheut Tee.*

3. Nach **sans** und **de** steht kein Teilungsartikel:
   Jean prend son pain sans beurre. *Jean isst sein Brot ohne Butter.*
   Jean a besoin d'argent. *Jean braucht Geld.*

Sollte jedoch eine bestimmte Menge gemeint sein, dann steht bei **de** der bestimmte Artikel:

Jean a besoin de l'argent qu'il a gagné. *Jean braucht das Geld, das er verdient hat.*

 Sans, avec und der Teilungsartikel, das ist ein Kinderspiel. Merken Sie sich einfach, dass nach **avec** der Teilungsartikel verwendet wird und nach **sans** direkt das Substantiv ohne Artikel folgt.

Jean prend son pain avec de la confiture, mais sans beurre.
Jean isst sein Brot mit Marmelade, aber ohne Butter.

4. Außerdem steht der Teilungsartikel bei einigen festen Wendungen, z.B.:

faire du volley/du sport	*Volleyball spielen/Sport treiben*
jouer du piano	*Klavier spielen*
avoir de la chance	*Glück haben*

Am besten lernen Sie den Teilungsartikel bei festen Wendungen gleich mit!

Der Teilungsartikel und die Verneinung

Jean demande:	Annick répond:
Est-ce qu'il y a encore du pain? *Gibt es noch Brot?*	**Non, il n'y a plus de pain.** *Nein, es gibt kein Brot mehr.*
Est-ce qu'il y a encore de la confiture? *Gibt es noch Marmelade?*	**Non, il n'y a plus de confiture.** *Nein, es gibt keine Marmelade mehr.*
Est-ce qu'il y a encore de l'eau? *Gibt es noch Wasser?*	**Non, il n'y a plus d'eau.** *Nein, es gibt kein Wasser mehr.*

Die Verneinung wird beim Teilungsartikel mit **ne ... pas de, ne ... plus de** usw. (▶ Die Verneinungselemente) gebildet.

Mengenangaben mit de

Il faut acheter   *Man muss*

un litre	**de**	**vin,**	*einen Liter Wein,*
un kilo	**de**	**tomates,**	*ein Kilo Tomaten,*
une bouteille	**d'**	**eau minérale,**	*eine Flasche Mineralwasser,*
beaucoup	**de**	**fruits,**	*viele Früchte,*
un peu	**de**	**fromage,**	*ein bisschen Käse,*
assez	**de**	**limonade.**	*genügend Limonade kaufen.*

Bei Mengenangaben, die eine bestimmte Menge oder eine unbestimmte Anzahl bezeichnen, wird das nachfolgende Substantiv nur mit der Präposition **de** angeschlossen.

L'article – *Der Artikel*

Leicht gemerkt!

Im Französischen gibt es den bestimmten, den unbestimmten und den Teilungsartikel. Die Formen der französischen Artikel können Sie sich leicht anhand der folgenden Übersicht merken:

Der bestimmte Artikel

Singular

männlich	weiblich
le train	**la** ville
der Zug	*die Stadt*
l'arbre	**l'**usine
der Baum	*die Fabrik*

vor Vokal und stummem **h**

Plural

männlich	weiblich
les trains	**les** villes
die Züge	*die Städte*

Der unbestimmte Artikel

Singular

männlich	weiblich
un train	**une** ville
ein Zug	*eine Stadt*

Plural

männlich	weiblich
des trains	**des** villes
Züge	*Städte*

Der Teilungsartikel

männlich	weiblich
du pain	**de la** musique
Brot	*Musik*
de l'air	**de l'**eau
Luft	*Wasser*

vor Vokal und stummem **h**

Leicht gemerkt!

2 | Le substantif – *Das Substantiv*

Alle Substantive sind durch Geschlecht und Zahl (Singular oder Plural) gekennzeichnet.

Das Geschlecht der Substantive

Im Französischen gibt es nur männliche und weibliche Substantive. Das deutsche Neutrum existiert im Französischen nicht.
Außerdem haben deutsche Substantive im Französischen oft ein anderes Geschlecht, z.B.: **la mort** *der Tod* und **le vase** *die Vase*.

Da man das Geschlecht der Substantive oft nur am Artikel erkennen kann, empfiehlt es sich, den Artikel und das Geschlecht immer gleich mitzulernen.

Das Geschlecht bei Lebewesen

1. Bei Personen oder Tieren gibt es in der Regel für jedes Geschlecht eine eigene Form. Für die Bildung der weiblichen Formen bestehen folgende Möglichkeiten:

männlich	→	weiblich	männlich	→	weiblich
un ami	→	une amie	-	→	-e
un employé	→	une employée	-é	→	-ée
un acteur	→	une actrice	-teur	→	-trice
			Ausnahme:		
			un chanteur → une chanteuse		
un vendeur	→	une vendeuse	-eur	→	-euse
			Ausnahme:		
			un pécheur → une pécheresse		
un boulanger	→	une boulangère	-er	→	-ère
un voisin	→	une voisine	-in	→	-ine
			Ausnahme:		
			un copain → une copine		
un paysan	→	une paysanne	-an	→	-anne
un espion	→	une espionne	-on	→	-onne
			Ausnahme:		
			un compagnon → une compagne		
un Italien	→	une Italienne	-ien	→	-ienne
un veuf	→	une veuve	-f	→	-ve
un tigre	→	une tigresse	-e	→	-esse

Le substantif – *Das Substantiv*

Leicht gemerkt!

Verwechseln Sie nicht **le pécheur / la pécheresse** *(der Sünder / die Sünderin)* mit dem regelmäßig abgeleiteten **le pêcheur / la pêcheuse** *(der Fischer / die Fischerin)*. Merken Sie sich zum Beispiel als Eselsbrücke, dass der Fischer einen „Angelhaken" (^) auf dem **e** hat!

2. Bei einigen Substantiven kann man das Geschlecht nur am Artikel erkennen, da die männlichen und die weiblichen Formen identisch sind.

Beispiele:
un	élève	une	élève
un	enfant	une	enfant
un	journaliste	une	journaliste
un	secrétaire	une	secrétaire

Für einige Berufe gibt es nur eine männliche Berufsbezeichnung, z.B.:
un ingénieur, un médecin, un reporter, un professeur ...

3. Daneben gibt es auch Personen-, Verwandtschafts- und Tierbezeichnungen, bei denen die männliche und weibliche Form aus zwei verschiedenen Substantiven bestehen.

Beispiele:
un	homme	une	femme
un	garçon	une	fille
un	frère	une	sœur
un	coq	une	poule

Das Geschlecht bei Sachen und Dingen

Das Geschlecht von Wortgruppen

Männlich sind

– Wochentage:	le lundi, le vendredi;
– Jahreszeiten:	le printemps, l'automne;
– Himmelsrichtungen:	le sud, le nord;
– Sprachen:	le portugais, l'italien;
– Bäume:	le chêne, le sapin;
– Metalle:	l'or, le platine;
– chemische Elemente:	le mercure, le soufre, l'uranium;
– Transportmittel:	le bus, le train, l'avion

Das Geschlecht der Substantive

Weiblich sind

– die meisten Länder:	la France, la Pologne, *aber:* le Portugal, le Danemark, le Luxembourg;
– die meisten Flüsse:	la Saône, la Moselle, *aber:* le Rhône, le Danube;
– die meisten Wissenschaften:	la géographie, la médecine, *aber:* le droit;
– Autonamen:	la BMW, la Citroën

Das Geschlecht bei bestimmten Wortendungen

Anhand von Wortendungen kann man oft das Geschlecht der Substantive bestimmen.

Substantive, die folgende Endungen aufweisen, sind meist männlich:

Endung	Beispiel	Ausnahme
-aire	le commissaire, le dictionnaire	
-an (+ Kons)	l'an, le sang	
-ent	le vent, l'argent	la dent
-ment	le développement	
-ier	le métier, le cahier	
-et	le billet, le guichet	
-in	le vin, le voisin	la fin
-ain	le pain, le bain	la main
-ail	le travail, le détail	
-al	l'hôpital, le cheval	
-isme	le tourisme, le socialisme	
-eau	le tableau, le bureau	l'eau
-oir	le devoir, le pouvoir	
-teur	le moteur, l'ordinateur	
-age	le garage, le visage	l'image, la cage, la page, la plage
-ège	le collège, le manège	

 Im Deutschen sind Substantive, die auf **-age** und **-ege** enden weiblich, während sie im Französischen männlich sind, z.B. ***die** Garage*, ***die** Manege*.

Substantive, die folgende Endungen aufweisen, sind meist weiblich:

Endung	Beispiel	Ausnahme
-ade	la promenade, la salade	le stade
-ance	la distance, la confiance	
-ence	la différence, la concurrence	
-ée	la journée, l'employée	le musée, le lycée
-elle	la nouvelle, la chandelle	
-ère	la bouchère, la panthère	
-esse	la jeunesse, la politesse	
-ette	la baguette, la cigarette	
-euse	la vendeuse, la friteuse	
-ie	la boulangerie, la maladie	l'incendie
-ité	la nationalité, la popularité	le comité
-ine	la cuisine, la semaine	le domaine
-ion	la conversation, la télévision	l'avion, le camion, le million
-ure	la nature, la voiture	le murmure
-té	la bonté, la santé	le pâté, l'été
-tude	l'habitude, l'inquiétude	

Es wäre auch möglich, dass Ihnen Substantive begegnen, die sowohl weiblich als auch männlich sind. Passen Sie bei diesen Wörtern auf, da sich hinter dem unterschiedlichen Geschlecht ein Bedeutungsunterschied verbirgt, z.B.:

le livre	das Buch	la livre	das Pfund
le mode	die Art und Weise	la mode	die Mode
le tour	die Runde, der Rundgang	la tour	der Turm

Je voudrais un livre de Proust et une livre de poires, s'il vous plaît !
Ich hätte gerne ein Buch von Proust und ein Pfund Birnen, bitte!

Das Geschlecht der Substantive

Der Plural der Substantive

1. Im Plural erhalten die meisten Substantive einfach ein **-s**. Dieses **-s** wird aber nicht ausgesprochen.

Singular		Plural
le train	→	les train**s**
la voiture	→	les voiture**s**

2. Substantive, die im Singular auf **-x**, **-z** oder **-s** enden, bleiben im Plural unverändert.

Singular		Plural
le prix	→	les prix
le nez	→	les nez
le Français	→	les Français

3. Bei Substantiven, die auf **-au, -eu** und **-ou** enden, wird im Plural einfach ein **-x** angehängt.
Die Substantive auf **-al** und einige Substantive auf **-ail** erhalten im Plural die Endung **-aux**.

Singular		Plural	Ausnahmen		
le gâteau	→	les gâteaux			
le jeu	→	les jeux	le pneu	→	les pneus
le bijou	→	les bijoux	le cou	→	les cous
			le trou	→	les trous
le journal	→	les journaux	le bal	→	les bals
le travail	→	les travaux	le détail	→	les détails

Nominativ, Genitiv, Dativ, Akkusativ

Die vier Fälle haben im Französischen im Gegensatz zum Deutschen keinen Einfluss auf die Form der Substantive.

Genitiv und Dativ werden mit Hilfe von Präpositionen ausgedrückt. Beim Genitiv verwendet man die Präposition **de**, beim Dativ die Präposition **à**:

Je veux donner la lettre de Christine à ma mère.
Ich will Christines Brief meiner Mutter geben.

Wie die Präpositionen **à** und **de** mit dem bestimmten Artikel verschmelzen, entnehmen Sie bitte dem Kapitel ▶ Der bestimmte Artikel.

Le substantif – *Das Substantiv*

Leicht gemerkt!

Das Geschlecht der Substantive

So können Sie sich die männlichen und weiblichen Formen der Substantive im Französischen leicht merken:

1. Bei **Lebewesen** gibt es meistens für jedes Geschlecht eine eigene Form. Lernen Sie diese Substantive deshalb am besten immer gleich mit der männlichen und der weiblichen Form, z.B. **un ami** / **une amie**, **un acteur** / **une actrice**, **un boulanger** / **une boulangère** usw.

2. Bei **Sachen und Dingen** ist es etwas komplizierter: Hier empfiehlt es sich, beim Lernen das jeweilige Wort immer gleich mit dem bestimmten Artikel zu lernen, z.B. **le métier**, **la voiture**, **le pain**, **la journée** usw.

3. Man kann auch bestimmte **Wortgruppen** bilden, die immer männlich bzw. weiblich sind:

Männlich sind:	Weiblich sind:
Wochentage, Jahreszeiten, Himmelsrichtungen, Sprachen, Bäume, Metalle, chemische Elemente, Transportmittel	die meisten **Länder**, die meisten **Flüsse**, die meisten **Wissenschaften**, Autonamen

4. Darüber hinaus gibt es bestimmte **Wortendungen**, die meist männlich oder weiblich sind, diese finden Sie ab ▶ Seite 14.

Der Plural der Substantive

Merken Sie sich bei den Pluralformen im Französischen Folgendes:

1. Bei den meisten Substantiven bildet man den Plural einfach durch Anhängen von **-s** an die Singularform, z.B. **le train** / **les trains**, **la voiture** / **les voitures** usw.

2. Substantive, die im Singular auf **-x**, **-z** oder **-s** enden, bleiben im Plural unverändert, z.B. **le prix** / **les prix**, **le nez** / **les nez**, **l'Anglais** / **les Anglais** usw.

3. Bei Substantiven, die im Singular auf **-au, -eu** oder **-ou** enden, hängt man im Plural ein **-x** an, z.B. **le gâteau** / **les gâteaux**, **le jeu** / **les jeux**, **le bijou** / **les bijoux** usw.

4. Substantive auf **-al** und einige Substantive auf **-ail** erhalten im Plural die Endung **-aux**, z.B. **le cheval** / **les chevaux**, **le travail** / **les travaux** usw.

Basteln Sie Memory-Kärtchen! Die Paare können dabei aus den männlichen und weiblichen Formen bei Lebewesen (z.B. **un voisin / une voisine, un tigre / une tigresse** usw.) oder aus Singular- und Pluralformen (z.B. **le journal / les journaux, la jupe / les jupes** usw.) bestehen, je nachdem, was Sie besonders üben wollen. Finden Sie die jeweils zusammengehörenden Wortpaare und achten Sie dabei besonders auf die Wortendungen. Vielleicht finden Sie ja noch weitere Französischlerner zum Mitspielen!

3 | L'adjectif – *Das Adjektiv*

Die Stellung des Adjektivs

Das Adjektiv als Attribut

 Im Gegensatz zum Deutschen stehen die meisten Adjektive im Französischen hinter dem Substantiv.

1. Die meisten Adjektive, insbesondere mehrsilbige Adjektive stehen in der Regel hinter dem Substantiv:

un livre	intéressant	*ein interessantes Buch*
un garçon	sympathique	*ein sympathischer Junge*
une lettre	importante	*ein wichtiger Brief*
une robe	blanche	*ein weißes Kleid*
la langue	française	*die französische Sprache*

2. Kurze und häufig gebrauchte Adjektive stehen vor dem Substantiv, z.B. **grand, gros, petit, jeune, vieux, bon, mauvais, beau** und **joli**:

un	bon	livre	*ein gutes Buch*
une	jolie	fille	*ein hübsches Mädchen*
un	petit	jardin	*ein kleiner Garten*
une	grande	maison	*ein großes Haus*
une	mauvaise	note	*eine schlechte Note*
un	vieil	homme	*ein alter Mann*
une	belle	ville	*eine schöne Stadt*

3. Bei einigen Adjektiven ändert sich die Bedeutung je nachdem, ob sie vor oder hinter dem Substantiv stehen, z.B.:

un grand homme
ein großartiger Mann
un pauvre homme
ein bedauernswerter Mann
la dernière minute
die letzte Minute

un homme grand
ein groß gewachsener Mann
un homme pauvre
ein armer Mann
l'année dernière
das vorige Jahr/letztes Jahr

Das Adjektiv als Prädikat

Auch im Französischen hat man die Möglichkeit, das Adjektiv mit einem Verb zu verbinden. Meist benutzt man dabei das Verb **être**.

La maison est petite mais le jardin est grand !
Das Haus ist klein, aber der Garten ist groß!

Die Formen des Adjektivs

! Das Adjektiv richtet sich in Zahl und Geschlecht immer nach dem Substantiv.

Im Gegensatz zum Deutschen wird auch das prädikativ gebrauchte Adjektiv dem Substantiv angeglichen.

	männlich	weiblich
Singular	**le petit jardin** *der kleine Garten*	**la petite maison** *das kleine Haus*
	Le jardin est petit. *Der Garten ist klein.*	**La maison est petite.** *Das Haus ist klein.*
Plural	**les petits jardins** *die kleinen Gärten*	**les petites maisons** *die kleinen Häuser*
	Les jardins sont petits. *Die Gärten sind klein.*	**Les maisons sont petites.** *Die Häuser sind klein.*

! Die weibliche Form des Adjektivs bildet man, indem man an die männliche Form ein **-e** anhängt, z.B.:

| **petit** | **petite** | *klein* |
| **grand** | **grande** | *groß* |

L'adjectif – *Das Adjektiv*

Endet die männliche Form bereits auf **-e**, so bleibt die weibliche Form unverändert, z.B.:

le livre rouge   *das rote Buch*   **la voiture rouge**   *das rote Auto*

Der Plural wird durch Anhängen von **-s** an die jeweilige Form des Singulars gebildet.

Es gibt einige wenige Adjektive, die grundsätzlich nicht verändert werden, so zum Beispiel **bon marché** *(günstig)*, **marron** *(braun)*, **orange** und **super**:

La jupe marron est bon marché.   *Der braune Rock ist günstig.*
Et les pantalons marron, ils sont aussi bon marché.   *Und die braunen Hosen sind auch günstig.*

Die Adjektive **sympa** (nett) und **chic** (schick) werden nicht im Geschlecht, sondern nur in der Zahl angeglichen:

	männlich	weiblich
Singular	un garçon sympa *ein netter Junge*	une jupe chic *ein schicker Rock*
Plural	des garçons sympas *nette Jungen*	des jupes chics *schicke Röcke*

Sonderfälle bei den weiblichen Formen

Adjektive, die folgende Endungen haben, weisen Besonderheiten bei der Bildung der weiblichen Formen auf:

Regel		männlich	weiblich	Ausnahme
-er	→ -ère	cher	→ chère	
-et	→ -ète	complet	→ complète	muet → muette
-c	→ -que	turc	→ turque	blanc → blanche,
				sec → sèche,
				grec → grecque
-f	→ -ve	actif	→ active	
-g	→ -gue	long	→ longue	
-eux	→ -euse	heureux	→ heureuse	
-el	→ -elle	naturel	→ naturelle	
-il	→ -ille	gentil	→ gentille	
-en	→ -enne	européen	→ européenne	
-on	→ -onne	bon	→ bonne	
-os	→ -osse	gros	→ grosse	
-teur	-teuse	menteur	→ menteuse	
	-trice	conservateur	→ conservatrice	
-eur	-eure	meilleur	→ meilleure	
	-euse	rieur	→ rieuse	

Die Formen des Adjektivs

> **Leicht gemerkt!**
>
> Wenn Sie sich nicht ganz sicher sind, wie man die weibliche Form eines unregelmäßigen Adjektivs bildet, dann sehen Sie doch einmal in einem Wörterbuch nach. Die meisten Wörterbücher enthalten Hinweise auf die Bildung der weiblichen Form!

Sonderfälle bei der Pluralbildung

1. Adjektive, die auf **-al** enden, weisen Besonderheiten bei der Pluralbildung auf:

	männlich	weiblich
Singular	**un homme génial** *ein genialer Mann*	**une femme géniale** *eine geniale Frau*
Plural	**des hommes géniaux** *geniale Männer*	**des femmes géniales** *geniale Frauen*

Die meisten Adjektive auf **-al** bilden den männlichen Plural auf **-aux**. Die weibliche Pluralfom wird allerdings ganz regelmäßig gebildet, indem man ein **-s** an die weibliche Form im Singular anhängt.

> Es gibt aber auch Adjektive, die auf **-al** enden, wie z.B. **banal, final, fatal** und **naval**, bei denen sowohl der männliche als auch der weibliche Plural durch das Hinzufügen von **-s** an die jeweilige Singularform gebildet werden:
>
> **un problème banal**   **des problèmes banals**
> *ein banales Problem*   *banale Probleme*

> **Leicht gemerkt!**
>
> Lernen Sie bei jedem neuen Adjektiv auf **-al** den männlichen Plural einfach gleich mit, dann haben Sie sicherlich keine Schwierigkeiten, die Adjektive auf **-al** richtig anzuwenden!

L'adjectif – *Das Adjektiv*

2. Auch Adjektive, die auf **-eau**, **-s** oder **-x** enden, weisen
   Besonderheiten im Plural auf:

	männlich	weiblich
Singular	un **beau** jour *ein schöner Tag*	une **belle** surprise *eine schöne Überraschung*
	un **gros** sac *eine große Tasche*	une **grosse** valise *ein großer Koffer*
Plural	des **beaux** jours *schöne Tage*	des **belles** surprises *schöne Überraschungen*
	des **gros** sacs *große Taschen*	des **grosses** valises *große Koffer*

Männliche Singularformen auf **-eau** erhalten im Plural ein **-x**.
Adjektive, die männlich im Singular auf **-s** oder **-x** enden, bleiben im
Plural unverändert.

Die Adjektive *beau, nouveau* und *vieux*

Die Adjektive **beau** *(schön)*, **nouveau** *(neu)* und **vieux** *(alt)* weisen
einige Besonderheiten auf und werden wie folgt angeglichen:

beau

	männlich	weiblich	
	Il connaît ... *Er kennt ...*		
Singular	un **beau** café. *ein schönes Café.*	une **belle** ville. *eine schöne Stadt.*	vor Konsonant
	un **bel** hôtel. *ein schönes Hotel.*	une **belle** usine. *eine schöne Fabrik.*	vor Vokal und stummem **h**
Plural	des **beaux** cafés. *schöne Cafés.*	des **belles** villes. *schöne Städte.*	vor Konsonant
	des **beaux** hôtels. *schöne Hotels.*	des **belles** usines. *schöne Fabriken.*	vor Vokal und stummem **h**

nouveau

	männlich	weiblich	
	Elle a ... _Sie hat ..._		
Singular	un nouveau vélo. _ein neues Fahrrad._	une nouvelle jupe. _einen neuen Rock._	vor Konsonant
	un nouvel hôtel. _ein neues Hotel._	une nouvelle idée. _eine neue Idee._	vor Vokal und stummem **h**
Plural	des nouveaux vélos. _neue Fahrräder._	des nouvelles jupes. _neue Röcke._	vor Konsonant
	des nouveaux hôtels. _neue Hotels._	des nouvelles idées. _neue Ideen._	vor Vokal und stummem **h**

vieux

	männlich	weiblich	
	Elle a ... _Sie hat ..._		
Singular	un vieux vélo. _ein altes Fahrrad._	une vieille jupe. _einen alten Rock._	vor Konsonant
	un vieil hôtel. _ein altes Hotel._	une vieille écharpe. _einen alten Schal._	vor Vokal und stummem **h**
Plural	des vieux vélos. _alte Fahrräder._	des vieilles jupes. _alte Röcke._	vor Konsonant
	des vieux hôtels. _alte Hotels._	des vieilles écharpes. _alte Schals._	vor Vokal und stummem **h**

Beau, nouveau und **vieux** haben männlich im Singular je nachdem, ob das nachfolgende Substantiv mit einem Konsonanten oder einem Vokal oder stummem **h** beginnt, zwei Formen, wenn sie attributiv gebraucht werden.

beau, nouveau, vieux	vor männlichen Substantiven im Singular, die mit Konsonant beginnen
bel, nouvel, vieil	vor männlichen Substantiven im Singular, die mit Vokal oder stummem **h** beginnen

L'adjectif – *Das Adjektiv*

Bei prädikativem Gebrauch ist alles viel einfacher, da hier auch männlich im Singular nur die Formen **beau, nouveau** und **vieux** zur Verfügung stehen, z.B.:

L'hôtel est beau.   *Das Hotel ist schön.*
L'ordinateur est nouveau.   *Der Computer ist neu.*
L'ordinateur est vieux.   *Der Computer ist alt.*

Die Steigerung der Adjektive

Die Steigerung im Französischen wird anders als im Deutschen gebildet. Aber keine Angst! Das Prinzip ist ganz einfach!

Der Positiv und der Komparativ

Marseille est	**grand.**				**Positiv**
Marseille ist groß.					
Marseille est	**plus**	**grand**	**que**	**Montpellier.**	**Komparativ**
Marseille ist größer als Montpellier.					
Marseille est	**moins**	**grand**	**que**	**New York.**	
Marseille ist kleiner (weniger groß) als New York.					
Marseille est	**aussi**	**grand**	**que**	**Lyon.**	
Marseille ist genauso groß wie Lyon.					

Der Komparativ wird gebildet, indem man **plus** (Überlegenheit), **moins** (Unterlegenheit) oder **aussi** (Gleichheit) vor das Adjektiv setzt. Das Bezugswort des Vergleichs wird mit **que** angeschlossen.

Dem französischen Komparativ der Unterlegenheit mit **moins** entspricht im Deutschen in der Regel der Komparativ des Gegensatzbegriffs zum gesteigerten Adjektiv, z.B.:

Nadine est grande, mais elle   *Nadine ist groß, aber sie ist kleiner*
est moins grande que sa mère.   *als ihre Mutter.*

Auch bei der Steigerung richtet sich das Adjektiv nach dem Substantiv, auf das es sich bezieht.

Die Steigerung der Adjektive

Der Superlativ

Singular	**Quel est le fleuve**	le	plus	long	d'	**Europe?**
		le	moins	long		
	Welches ist der längste / der kürzeste (am wenigsten lange) Fluss Europas?					
	Quelle est la ville	la	plus	grande	du	**monde?**
		la	moins	grande		
	Welches ist die größte / die kleinste (am wenigsten große) Stadt der Welt?					
Plural	**Quels sont les trains**	les	plus	rapides	de	**France?**
		les	moins	rapides		
	Welches sind die schnellsten / die langsamsten (am wenigsten schnellen) Züge Frankreichs?					
	Quelles sont les montagnes	les	plus	hautes	du	**monde?**
		les	moins	hautes		
	Welches sind die höchsten / die niedrigsten (am wenigsten hohen) Gebirge der Welt?					

Der Superlativ wird gebildet, indem man **le/la/les plus** (Überlegenheit) oder **le/la/les moins** (Unterlegenheit) vor das Adjektiv setzt. Das Adjektiv gleicht sich auch beim Superlativ in Zahl und Geschlecht dem Substantiv an, auf das es sich bezieht. Das Bezugswort wird mit der Präposition **de** angeschlossen.

Kurze häufig gebrauchte Adjektive können auch im Superlativ vor dem Substantiv stehen. Die Bildung des Superlativs erfolgt auf die gleiche Art und Weise.

Nicolas est	le plus jeune	fils	de	notre famille.
	Nicolas ist der jüngste Sohn unserer Familie.			
Marie est	la plus petite	fille	de	notre famille.
	Marie ist die kleinste Tochter unserer Familie.			

! Es gibt allerdings auch unregelmäßige Steigerungsformen:

bon / bonne	**meilleur(e)**	**le / la meilleur(e)**
gut	*besser*	*der / die / das beste*
mauvais(e)	**pire**	**le / la pire**
schlecht	*schlechter*	*der / die / das schlechteste*

L'adjectif – *Das Adjektiv*

Leicht gemerkt!

Die Formen des Adjektivs

Merken Sie sich, dass sich die Adjektive im Französischen immer in Zahl und Geschlecht nach dem dazugehörigen Substantiv richten. Für die jeweiligen Formen des Adjektivs gelten dabei die folgenden Regeln:

1. Die **weibliche Form** eines Adjektivs bildet man in der Regel durch Anhängen von **-e** an die männliche Form, z.B. **grand / grande, petit / petite** usw. Endet die männliche Form bereits auf **-e**, so bleibt die weibliche Form unverändert. Weitere Ausnahmen zu dieser Regel finden Sie auf ▶ Seite 21.

2. Die meisten Adjektive bilden den **Plural** durch Anhängen von **-s** an die Singularform, z.B. **grand / grands, petite / petites** usw. Es gibt jedoch auch hier einige Ausnahmen, die Sie auf ▶ Seite 22 nachlesen können.

3. Die Adjektive **beau, nouveau** und **vieux** weisen Besonderheiten bei der weiblichen Form und der Pluralbildung auf, die wir ab ▶ Seite 23 für Sie aufgelistet haben. Prägen Sie sich diese Formen also ganz besonders gut ein!

Die Steigerung der Adjektive

- Im Französischen bildet man den **Komparativ** bei den meisten Adjektiven mit **aussi ... que, plus ... que** oder **moins ... que**:
  aussi grand **(que)** *genauso groß (wie)*
  plus grand **(que)** *größer (als)*
  moins grand **(que)** *kleiner (als)*

- Den Superlativ bildet man in der Regel mit **le / la / les plus** oder **le / la / les moins**, z.B.:
  le plus grand *der größte*
  la moins grande *die kleinste*

- Die Adjektive **bon** *(gut)* und **mauvais** *(schlecht)* werden unregelmäßig gesteigert (▶ Seite 26).

- Achten Sie auch bei der Steigerung der Adjektive immer darauf, dass sich das Adjektiv in Zahl und Geschlecht nach dem dazugehörigen Substantiv richtet!

 Vergleichen Sie doch einmal Ihre Kollegen, Freunde oder Familienmitglieder miteinander. So können Sie die Steigerungsformen der Adjektive und die Vergleichsformeln im Französischen ganz einfach üben!

4 | L'adverbe – *Das Adverb*

Die Adverbien dienen zur näheren Bestimmung eines Verbs, eines Adjektivs, eines anderen Adverbs oder eines ganzen Satzes.

Die Formen des Adverbs

Die ursprünglichen Adverbien

Adverbien, die nicht von einem Adjektiv abgeleitet werden, nennt man ursprüngliche Adverbien. Sie lassen sich nach bestimmten Gesichtspunkten ordnen:

• Adverbien des Ortes:	**ici**	*hier*
	là	*dort*
• Adverbien der bestimmten Zeit:	**aujourd'hui**	*heute*
	demain	*morgen*
	hier	*gestern*
	maintenant	*jetzt*
• Adverbien der unbestimmten Zeit:	**après**	*nach*
	avant	*vor*
	déjà	*schon*
	encore	*noch*
	longtemps	*lange*
	souvent	*oft*
	tard	*spät*
	tôt	*früh*
	toujours	*immer*
• Adverbien der Menge:	**assez**	*genug*
	beaucoup	*viel*
	moins	*weniger*
	peu	*wenig*
	plus	*mehr*
	trop	*zu viel*
• Adverbien der Art und Weise:	**bien**	*gut*
	ensemble	*zusammen*
	mal	*schlecht*
	mieux	*besser*
	vite	*schnell*

L'adverbe – *Das Adverb*

Die abgeleiteten Adverbien

1. Adverbien, die von einem Adjektiv abgeleitet werden, nennt man abgeleitete Adverbien.
   Abgeleitete Adverbien bildet man, indem man die Endung **-ment** an die weibliche Form des Adjektivs anhängt:

Adjektiv		Adverb
männlich	weiblich	
fort	forte	fortement
froid	froide	froidement
sérieux	sérieuse	sérieusement

2. Bei Adjektiven, deren männliche und weibliche Form auf **-e** enden, wird die Endung **-ment** an diese Form angehängt:

Adjektiv		Adverb
männlich	weiblich	
terrible	terrible	terriblement
difficile	difficile	difficilement
pratique	pratique	pratiquement
rapide	rapide	rapidement

3. Bei Adjektiven, die auf einem hörbaren Vokal, aber nicht auf **-e** enden, wird **-ment** an die männliche Form angehängt, z.B.:

Adjektiv		Adverb
männlich	weiblich	
vrai	vraie	vraiment
joli	jolie	joliment
absolu	absolue	absolument

Es gibt jedoch Ausnahmen, bei denen das Adverb von der weiblichen Form abgeleitet wird:

gai, gaie	→	gaiement
nouveau, nouvelle	→	nouvellement
fou, folle	→	follement

Die Formen des Adverbs

4. Adjektive, die auf **-ant** oder **-ent** enden, bilden ihr Adverb auf
   -amment und **-emment**:

Adjektiv		Adverb
männlich	weiblich	
élégant	élégante	élégamment
évident	évidente	évidemment

5. Darüber hinaus gibt es einige unregelmäßige Adverbformen, z.B.:

Adjektiv		Adverb
männlich	weiblich	
précis	précise	précisément
énorme	énorme	énormément
gentil	gentille	gentiment
bref	brève	brièvement
bon	bonne	bien
meilleur	meilleure	mieux
mauvais	mauvaise	mal

Die Stellung der Adverbien

1. Die Adverbien des Ortes und der bestimmten Zeit stehen am
   Satzanfang oder am Satzende:

   Aujourd'hui, il fait beau. *oder:* **Il fait beau aujourd'hui.**
   Heute ist schönes Wetter.   *Es ist schönes Wetter heute.*

2. Die meisten anderen Adverbien stehen direkt hinter dem konjugier-
   ten Verb:

   Philippe regarde toujours la   *Philippe sieht immer fern.*
   télé.
   Hier, il a beaucoup travaillé.   *Gestern hat er viel gearbeitet.*
   Aujourd'hui, il ne fait   *Heute macht er so gut wie nichts.*
     pratiquement rien.
   Il veut toujours se reposer.   *Er möchte sich immer ausruhen.*

   Tôt, tard und **ensemble** stehen in zusammengesetzten Zeiten
   immer hinter dem Participe passé und bei Infinitivkonstruktionen
   hinter dem Infinitiv:

   Nous sommes arrivés tôt.   *Wir sind früh angekommen.*
   Je vais me coucher tard ce soir. *Heute Abend gehe ich spät ins Bett.*
   Nous voulons manger ensemble. *Wir wollen zusammen essen.*

3. Adverbien, die sich auf den ganzen Satz beziehen, stehen in der Regel am Anfang oder am Ende des Satzes. Sie werden durch ein Komma vom restlichen Satz getrennt:

Malheureusement, je n'ai pas trouvé l'hôtel. *Leider habe ich das Hotel nicht gefunden.*

Die Steigerung der Adverbien

Das Adverb lässt sich genauso wie das Adjektiv steigern:

Positiv	**Elle court**	**vite**.		
	Sie rennt schnell.			
Komparativ	**Elle court**	**plus**	**vite**	**que** son mari.
	Sie rennt schneller als ihr Mann.			
	Elle court	**moins**	**vite**	**que** son mari.
	Sie rennt langsamer als ihr Mann.			
	Elle court	**aussi**	**vite**	**que** son mari.
	Sie rennt genauso schnell wie ihr Mann.			
Superlativ	**Elle court**	**le plus**	**vite**	**de** tous.
	Sie rennt von allen am schnellsten.			
	Elle court	**le moins**	**vite**	**de** tous.
	Sie rennt von allen am langsamsten.			

Der Komparativ des Adverbs wird mit **plus ... que** bzw. **moins ... que** gebildet, der Vergleich mit **aussi ... que**.
Der Superlativ wird mit **le plus ... (de)** und **le moins ... (de)** gebildet.

! Es gibt allerdings auch unregelmäßige Steigerungsformen:

bien	mieux	**le mieux**
gut	*besser*	*am besten*
beaucoup	plus	**le plus**
viel	*mehr*	*am meisten*
peu	moins	**le moins**
wenig	*weniger*	*am wenigsten*

Leicht gemerkt!

Die Formen des Adverbs

Im Französischen gibt es zwei Arten von Adverbien: die so genannten ursprünglichen Adverbien und Adverbien, die von einem Adjektiv abgeleitet werden. Die ursprünglichen Adverbien lernen Sie am besten anhand der Tabelle auf ▶ Seite 28 nach Gruppen geordnet auswendig. Bei den abgeleiteten Adverbien können Sie sich die folgenden Regeln merken:

- Die meisten abgeleiteten Adverbien bildet man durch Anhängen von **-ment** an die weibliche Form des Adjektivs, z.B. **fort(e) / fortement, froid(e) / froide**ment usw.

- Bei Adjektiven, die auf einen Vokal, aber nicht auf **-e** enden, wird **-ment** an die männliche Form angehängt, z.B. **vrai / vraiment, absolu / absolument** usw.

- Von Adjektiven auf **-ant** oder **-ent** wird das Adverb auf **-amment** oder **-emment** abgeleitet, z.B. **élégant / élégamment, évident / évidemment** usw.

- Darüber hinaus gibt es eine Reihe von unregelmäßigen Adverbformen, die Sie auf ▶ Seite 30 nachlesen können.

Die Steigerung der Adverbien

- Der Komparativ eines Adverbs wird mit **aussi ... que, plus ... que** oder **moins ... que** gebildet:

aussi vite (que)	*so schnell (wie)*
plus vite (que)	*schneller (als)*
moins vite (que)	*langsamer (als)*

- Den Superlativ bildet man mit **le plus** oder **le moins**:

le plus vite	*am schnellsten*
le moins vite	*am langsamsten*

- Die Adverbien **bien** *(gut)*, **beaucoup** *(viel)* und **peu** *(wenig)* werden unregelmäßig gesteigert (▶ Seite 32).

5 | Les pronoms – *Die Pronomen*

Die verbundenen Personalpronomen

Im Gegensatz zu den unverbundenen Personalpronomen, denen wir uns später zuwenden, werden die verbundenen Personalpronomen nur in Verbindung mit einem Verb verwendet.

Die Formen der verbundenen Personalpronomen

Singular	1. Person	je	ich	
		j'		vor Vokal und stummem **h**
	2. Person	tu	du	
	3. Person	il	er	
		elle	sie	
		on	man	
Plural	1. Person	nous	wir	
	2. Person	vous	ihr, Sie	
	3. Person	ils	sie	männlich
		elles	sie	weiblich

1. Da das Französische nur männliche und weibliche Formen kennt, existiert das Personalpronomen *es* im Französischen nicht. Je nachdem, ob es sich um männliche oder weibliche Personen oder Dinge handelt, verwendet man anstelle von *es* **il** oder **elle**, z.B.:

La maison est grande. *Das Haus ist groß.*
Elle est grande. *Es ist groß.*

2. Im Deutschen verwendet man sowohl für männliche als auch für weibliche Personen in der 3. Person Plural *sie*. Im Französischen muss man hingegen je nach Geschlecht **ils** oder **elles** wählen, z.B.:

Les garçons, ils jouent bien au tennis.
Die Jungen, sie spielen gut Tennis.
Les filles aussi, elles jouent bien au tennis.
Die Mädchen, sie spielen auch gut Tennis.

Der Gebrauch der verbundenen Personalpronomen

Il, elle, ils, elles

Singular

männlich	Monsieur Pasquali est d'où ?	Woher kommt Herr Pasquali?
	Il est de Montpellier.	Er kommt aus Montpellier.
	Le livre est où ?	Wo ist das Buch?
	Il est sur la table.	Es ist auf dem Tisch.
	Il steht für einzelne männliche Personen und Dinge.	
weiblich	Madame Pasquali est d'où ?	Woher kommt Frau Pasquali?
	Elle est aussi de Montpellier.	Sie ist auch aus Montpellier.
	La clé est où ?	Wo ist der Schlüssel?
	Elle est sur la table.	Er ist auf dem Tisch.
	Elle steht für einzelne weibliche Personen und Dinge.	

Plural

männlich	Les garçons sont d'où ?	Woher kommen die Jungs?
	Ils sont de Lyon.	Sie kommen aus Lyon.
	Les livres sont où ?	Wo sind die Bücher?
	Ils sont sur la table.	Sie sind auf dem Tisch.
	Ils steht für mehrere männliche Personen und Dinge.	
weiblich	Les filles sont d'où ?	Woher kommen die Mädchen?
	Elles sont de Paris.	Sie kommen aus Paris.
	Les clés sont où ?	Wo sind die Schlüssel?
	Elles sont sur la table.	Sie sind auf dem Tisch.
	Elle steht für mehrere weibliche Personen und Dinge.	

Enthält eine Gruppe von Personen oder Dingen mindestens eine männliche Person oder Sache, so verwendet man **ils**:

Les filles et les garçons sont où ? Wo sind die Jungs und Mädchen?
Ils sont dans le jardin. Sie sind im Garten.

Les pronoms – *Die Pronomen*

Die Höflichkeitsform vous

Das Pronomen **vous** wird auch als Höflichkeitsform für eine oder mehrere männliche oder weibliche Personen verwendet:

Monsieur Noblet, vous êtes fatigué ?	*Sind Sie müde, Herr Noblet?*
Voulez-vous entrer, Madame ?	*Wollen Sie eintreten, meine Dame?*
Mesdames et Messieurs, voulez-vous entrer ?	*Meine Damen und Herren, wollen Sie eintreten?*

Die unverbundenen Personalpronomen

Im Deutschen gibt es keine eigenen Formen für die unverbundenen Personalpronomen.

Die Formen der unverbundenen Personalpronomen

Singular	1. Person	moi	*ich*	
	2. Person	toi	*du*	
	3. Person	lui	*er*	
		elle	*sie*	
Plural	1. Person	nous	*wir*	
	2. Person	vous	*ihr, Sie*	
	3. Person	eux	*sie*	männlich
		elles	*sie*	weiblich

Der Gebrauch der unverbundenen Personalpronomen

Die unverbundenen oder betonten Personalpronomen werden wie folgt verwendet:

• nach einer Präposition:	**Est-ce que tu sors avec moi, ce soir ?** *Gehst du mit mir heute Abend aus?* **Non, je préfère sortir sans toi.** *Nein, ich gehe lieber ohne dich aus.*
• zur Hervorhebung eines Subjekts:	**Qu'est-ce que vous faites dans la vie ?** *Was machen Sie beruflich?* **Moi, je suis pharmacienne.** *Ich bin Apothekerin.*

Die unverbundenen Personalpronomen

• in verkürzten Sätzen ohne Verb:	**Qui veut apprendre le français ?** *Wer möchte Französisch lernen?* **Moi !** *Ich.*
• nach **c'est** und **ce sont**:	**Qui est-ce qui a pris les photos ?** *Wer hat die Fotos gemacht?* **C'est lui** **qui a pris les photos.** *Er hat die Fotos gemacht.*
• beim bejahten Imperativ:	**Donnez-moi le livre, s'il vous plaît.** *Geben Sie mir bitte das Buch.*

Die direkten Objektpronomen

Die Formen der direkten Objektpronomen

Singular	1. Person	me	mich	
		m'	mich	vor Vokal und stummem **h**
	2. Person	te	dich	
		t'	dich	vor Vokal und stummem **h**
	3. Person	le	ihn, es	
		l'	ihn, es	vor Vokal und stummem **h**
		la	sie	
		l'	sie	vor Vokal und stummem **h**
Plural	1. Person	nous	uns	
	2. Person	vous	euch, Sie	
	3. Person	les	sie	

Denken Sie daran, vor Vokal und stummem **h** werden **me**, **te**, **le** und **la** zu **m'**, **t'** und **l'**.
Insbesondere bei Sätzen im Passé composé mit **avoir** werden Sie damit ständig konfrontiert.
Beispielsweise **je l'ai vu(e), tu l'as vu(e)** etc.

Les pronoms – *Die Pronomen*

Der Gebrauch der direkten Objektpronomen

Die direkten Objektpronomen ersetzen ein Akkusativobjekt und stimmen in Zahl und Geschlecht mit diesem überein, z.B.:

Personen		
männlich	**Est-ce que tu as vu Jean ?**	*Hast du Jean gesehen?*
	Oui, je l'ai vu.	*Ja, ich habe ihn gesehen.*
	Est-ce que tu as vu les garçons ?	*Hast du die Jungs gesehen?*
	Oui, je les ai vus.	*Ja, ich habe sie gesehen.*
weiblich	**Est-ce que tu as vu Brigitte ?**	*Hast du Brigitte gesehen?*
	Oui, je l'ai vue.	*Ja, ich habe sie gesehen.*
	Est-ce que tu as vu les filles ?	*Hast du die Mädchen gesehen?*
	Oui, je les ai vues.	*Ja, ich habe sie gesehen.*

Dinge		
männlich	**Est-ce qu'Eric lit ce livre ?**	*Liest Eric dieses Buch?*
	Oui, il le lit.	*Ja, er liest es.*
	Est-ce que vous lisez ces livres ?	*Lest ihr diese Bücher?*
	Oui, nous les lisons.	*Ja, wir lesen sie.*
weiblich	**Est-ce que vous lisez cette revue ?**	*Lest ihr diese Zeitschrift?*
	Non, nous ne la lisons pas.	*Nein, wir lesen sie nicht.*
	Est-ce que vous lisez ces revues ?	*Lest ihr diese Zeitschriften?*
	Non, nous ne les lisons pas.	*Nein, wir lesen sie nicht.*

Die direkten Objektpronomen

Die Stellung der direkten Objektpronomen

1. Die direkten Objektpronomen stehen vor dem konjugierten Verb.
   Wird der Satz verneint, so umschließt die Verneinung das
   Objektpronomen und das konjugierte Verb.
   Steht der Satz im Passé composé oder im Plusquamperfekt, dann
   stehen die Objektpronomen vor dem konjugierten Hilfsverb:

   Tu achètes ce CD ?   **- Oui, je l'achète.**
   Kaufst du diese CD?   *- Ja, ich kaufe sie.*
                                       - Non, je ne l'achète pas.
                                       - Nein, ich kaufe sie nicht.

   Est-ce que vous avez   **- Oui, nous les avons achetés.**
   acheté les journaux ?   *- Ja, wir haben sie gekauft.*
   Habt ihr die Zeitungen gekauft?   **- Non, nous ne les avons pas**
                                       achetés.
                                       - Nein, wir haben sie nicht gekauft.

2. Bei Verben, die einen Infinitiv bei sich haben, steht das direkte
   Objektpronomen vor dem Infinitiv, auf den es sich bezieht:

   Est-ce que tu vas écouter la   **- Oui, je vais l'écouter.**
   radio ?   *- Ja, ich werde es hören.*
   Wirst du Radio hören?   **- Non, je ne vais pas l'écouter.**
                                       - Nein, ich werde es nicht hören.

   Est-ce que tu peux ranger   **- Oui, je peux la ranger.**
   ta chambre ?   *- Ja, ich kann es aufräumen.*
   Kannst du dein Zimmer   **- Non, je ne peux pas la ranger.**
   aufräumen?   *- Nein, ich kann es nicht aufräumen.*

3. Bei Imperativen wird das Objektpronomen an den bejahten
   Imperativ mit Hilfe eines Bindestrichs angehängt:

   Maman, est-ce que je peux   **- Oui, invite-les.**
   inviter mes amis ?
   Mama, kann ich meine Freunde   *- Ja, lade sie ein.*
   einladen?

Les pronoms – *Die Pronomen*

Die indirekten Objektpronomen

Die Formen der indirekten Objektpronomen

Singular	1. Person	me	*mir*	
		m'	*mir*	vor Vokal und stummem **h**
	2. Person	te	*dir*	
		t'	*dir*	vor Vokal und stummem **h**
	3. Person	lui	*ihm, ihr*	
Plural	1. Person	nous	*uns*	
	2. Person	vous	*euch, Ihnen*	
	3. Person	leur	*ihnen*	

Me, te, nous und **vous** erleichtern einem das Leben im Französischen sehr, da die direkten und indirekten Objektpronomen dieselbe Form haben.

Der Gebrauch der indirekten Objektpronomen

Die indirekten Objektpronomen ersetzen Dativobjekte und stimmen in der Zahl mit dem Dativobjekt überein.
Bei den Dativobjekten handelt es sich fast ausschließlich um Personen und Tiere.

Für männliche und weibliche Dativobjekte gibt es jeweils nur ein indirektes Objektpronomen:

Singular		
männlich	**Tu donnes ton adresse à Jean ?**	*Gibst du Jean deine Adresse?*
	Oui, je lui donne mon adresse.	*Ja, ich gebe ihm meine Adresse.*
weiblich	**Tu vas répondre à Sandra ?**	*Wirst du Sandra antworten?*
	Non, je ne vais pas lui répondre.	*Nein, ich werde ihr nicht antworten.*

Plural		
männlich	**Vous écrivez à vos amis ?**	*Schreibt ihr euren Freunden?*
	Oui, nous leur écrivons.	*Ja, wir schreiben ihnen.*

Die indirekten Objektpronomen

weiblich	Vous pouvez téléphoner à mes amies ? Oui, nous pouvons leur téléphoner.	Könnt ihr meine Freundinnen anrufen? Ja, wir können sie anrufen.

 In der 3. Person Singular und Plural gibt es nur ein indirektes Objektpronomen für männliche oder weibliche indirekte Objekte: **lui** und **leur**, z.B.:

Ich gebe ihm ein Buch. *Ich gebe ihr ein Buch.*

Je lui donne un livre.

Die Stellung der indirekten Objektpronomen

1. Die indirekten Objektpronomen stehen vor dem konjugierten Verb. Wird der Satz verneint, so umschließt die Verneinung das Objektpronomen und das konjugierte Verb.
Steht der Satz im Passé composé oder im Plusquamperfekt, dann steht das Objektpronomen vor dem konjugierten Hilfsverb:

Brigitte, tu téléphones à tes amies ?
Brigitte, rufst du deine Freundinnen an?

- **Oui, je leur téléphone.**
- *Ja, ich rufe sie an.*
- **Non, je ne leur téléphone pas.**
- *Nein, ich rufe sie nicht an.*

Est-ce que tu as montré les photos à ton copain ?
Hast du die Fotos deinem Freund gezeigt?

- **Oui, je lui ai montré les photos.**
- *Ja, ich habe ihm die Fotos gezeigt.*
- **Non, je ne lui ai pas montré les photos.**
- *Nein, ich habe ihm die Fotos nicht gezeigt.*

2. Bei Verben, die einen Infinitiv bei sich haben, steht das indirekte Objektpronomen vor dem Infinitiv:

Est-ce que tu vas écrire à ta grand-mère ?
Wirst du deiner Großmutter schreiben?

- **Oui, je vais lui écrire.**
- *Ja, ich werde ihr schreiben.*
- **Non, je ne vais pas lui écrire.**
- *Nein, ich werde ihr nicht schreiben.*

Les pronoms – *Die Pronomen*

Die Reflexivpronomen

Das Reflexivpronomen, das sich auf die gleiche Person wie das Subjekt des Satzes bezieht, verfügt nur für die 3. Person Singular und Plural über eine eigenständige Form, nämlich **se** bzw. **s'** vor Vokal und stummem **h**. In anderen Personen ist das Reflexivpronomen identisch mit den Objektpronomen:

Je	m'	appelle Annie.	*Ich heiße Annie.*
Tu	t'	appelles Jean.	*Du heißt Jean.*
Il / Elle	se	promène en ville.	*Er / Sie geht in der Stadt spazieren.*
Nous	nous	lavons les mains.	*Wir waschen uns die Hände.*
Vous	vous	douchez ce soir.	*Ihr duscht euch heute Abend.*
Ils / Elles	s'	habillent.	*Sie ziehen sich an.*

 Wie Sie an den Übersetzungen der Beispielsätze oben erkennen können, ist nicht jedes französische reflexive Verb auch im Deutschen reflexiv und umgekehrt.

Das Adverbialpronomen *en*

Der Gebrauch von **en**

1. **En** ist ein Pronomen, das bestimmte Ergänzungen, meist Mengen, vertritt und in diesem Zusammenhang oft mit *davon* übersetzt wird.

Das Pronomen **en** vertritt Ergänzungen mit **de**. Es vertritt:

- **des** + Substantiv:

Est-ce que tu achètes des fruits ?	*Kaufst du Früchte?*
- Oui, j'en achète.	*- Ja, ich kaufe welche.*

- den Teilungsartikel + Substantiv:

Est-ce que tu prends de la limonade ?	*Nimmst du Limonade?*
- Oui, j'en prends.	*- Ja, ich nehme etwas.*

- Mengenangabe + Substantiv:

Tu veux une bouteille de coca ?	*Möchtest du eine Flasche Cola?*
- Oui, j'en veux une.	*- Ja, ich möchte eine (davon).*

- Zahlwort + Substantiv:

Tu prends dix pommes ?	*Nimmst du zehn Äpfel?*
- Non, j'en prends seulement six.	*- Nein, ich nehme nur sechs (Äpfel).*

Die Reflexivpronomen und das Adverbialpronomen *en*

• **un / une** + Substantiv:	
Est-ce que tu prends une pomme ?	*Nimmst du einen Apfel?*
– Oui, j'en prends une.	*– Ja, ich nehme einen.*

Vertritt **en** eine Mengenangabe, ein Zahlwort oder **un/une** + Substantiv, so wird die Mengenangabe, das Zahlwort oder der unbestimmte Artikel im nachfolgenden Satz wieder aufgegriffen.

2. **En** vertritt auch andere Ergänzungen mit **de**.
   In diesen Fällen wird **en** oft mit *davon, darüber, von dort* und *dorther* übersetzt.

Das Pronomen **en** vertritt Ergänzungen mit **de** + Sachsubstantiven, z.B. nach den Verben **parler de** *(sprechen von)*, **rêver de** *(träumen von)*, **revenir de** *(zurückkommen von)*, **se souvenir de** *(sich erinnern an)*, **rentrer de** *(zurückkehren von)* usw.:

Tu es déjà rentré du Portugal ?

– Oui, j'en suis rentré hier, mais j'en rêve encore.

Bist du schon aus Portugal zurück?
– Ja, ich bin gestern (von dort) zurückgekommen, aber ich träume noch davon.

! Achtung! Folgt auf die Präposition **de** ein Personensubstantiv, so
● übernehmen die betonten Personalpronomen seine Vertretung, z.B.:

    Tu te souviens d'Annette ?   *Erinnerst du dich an Annette?*

    Non, je ne me souviens pas d'elle.   *Nein, ich erinnere mich nicht an sie.*

Die Stellung von **en**

1. Das Pronomen **en** steht vor dem konjugierten Verb. Wird der Satz verneint, so umschließt die Verneinung **en** und das konjugierte Verb. Steht der Satz im Passé composé oder im Plusquamperfekt, dann steht **en** vor dem konjugierten Hilfsverb:

Est-ce que tu prends du beurre ?	**- Oui, j'en prends.**
Nimmst du Butter?	*- Ja, ich nehme davon.*
	- Non, je n'en prends pas.
	- Nein, ich nehme keine.
Est-ce que Martin a acheté du beurre hier ?	**- Oui, il en a acheté.**
	- Ja, er hat welche gekauft.
Hat Martin gestern Butter gekauft?	**- Non, il n'en a pas acheté.**
	- Nein, er hat keine gekauft.

Les pronoms – *Die Pronomen*

2. Bei Verben, auf die ein Infinitiv folgt, steht **en** vor dem Infinitiv:

Nous n'avons plus de pain. *Wir haben kein Brot mehr.*
Alors, je vais en acheter tout de *Dann werde ich gleich welches*
suite. *kaufen.*

3. Bei Imperativen wird **en** an den bejahten Imperativ mit Hilfe eines Bindestrichs angehängt:

Est-ce que je peux prendre du *Kann ich vom Käse nehmen?*
fromage ?
- Oui, prends-en. *- Ja, nimm dir davon.*

Aber aufgepasst! Bei den Verben auf **-er** wird an den Imperativ Singular des Verbs ein **-s** angehängt:

Est-ce que je peux manger *Kann ich Brot essen?*
du pain ?
- Oui, manges-en. *- Ja, iss davon.*

Das Adverbialpronomen **en** finden Sie auch in folgenden Wendungen:

Tu m'en veux ? *Bist du mir böse?*
Je n'en peux plus. *Ich kann nicht mehr.*
J'en ai assez. *Ich habe es satt.*
Va-t'en ! *Verschwinde! / Geh weg!*

Das Adverbialpronomen *en*

Das Adverbialpronomen y

Der Gebrauch von **y**

Das Pronomen **y** vertritt
- Ortsbestimmungen, die durch Präpositionen wie **à, dans, en, chez, sur** etc. eingeleitet werden:

   Est-ce que vous habitez à Paris ?   *Wohnt ihr in Paris?*

   - Oui, nous y habitons.   *- Ja, wir wohnen dort.*

- Ergänzungen mit **à** + Sachsubstantiven:

   Est-ce que tu penses à Noël ?   *Denkst du an Weihnachten?*

   - Oui, j'y pense toujours.   *- Ja, ich denke immer daran.*

> **!** Das Pronomen **y** ersetzt niemals Ergänzungen mit **de**, auch wenn es sich um Ortsangaben handelt!

   Est-ce que tu es rentré de France ?   *Bist du aus Frankreich zurückgekommen?*

   - Oui, j'en suis rentré hier.   *- Ja, ich bin gestern von dort zurückgekommen.*

Die Stellung von **y**

1. Das Pronomen **y** steht vor dem konjugierten Verb. Wird der Satz verneint, so umschließt die Verneinung **y** und das konjugierte Verb. Steht der Satz im Passé composé oder im Plusquamperfekt, dann steht **y** vor dem konjugierten Hilfsverb:

   Est-ce que vous allez en France ?   *Fahrt ihr nach Frankreich?*
   - Oui, nous y allons.   *- Ja, wir fahren dorthin.*
   - Non, nous n'y allons pas.   *- Nein, wir fahren nicht dorthin.*

   Est-ce que tu as acheté ton pain dans ce supermarché ?   *Hast du dein Brot in diesem Supermarkt gekauft?*
   - Oui, j'y ai acheté mon pain.   *- Ja, ich habe mein Brot dort gekauft.*

   - Non, je n'y ai pas acheté mon pain.   *- Nein, ich habe mein Brot nicht dort gekauft.*

2. Bei Verben, auf die ein Infinitiv folgt, steht **y** vor dem Infinitiv:

   J'ai oublié mon porte-monnaie à la boulangerie.   *Ich habe meinen Geldbeutel in der Bäckerei vergessen.*
   Alors je vais y aller tout de suite.   *Dann werde ich gleich dorthin gehen.*

3. Bei Imperativen wird **y** an den bejahten Imperativ mit Hilfe eines Bindestrichs angehängt. Aber aufgepasst! Bei den Verben auf **-er** sowie bei dem unregelmäßigen Verb **aller** wird an den Imperativ Singular ein **-s** angehängt:

Vas-**y**.	*Geh dorthin.*

Das Adverbialpronomen **y** finden Sie auch in folgenden Wendungen:

Ça y est.	*Es ist soweit. / Es ist fertig.*
Je n'y suis pour rien.	*Ich kann nichts dafür.*
Vas-y. / Allons-y. / Allez-y.	*Los. / Auf geht's.*

Die Stellung der Pronomen bei mehreren Pronomen im Satz

Wenn mehrere Pronomen in einem Satz auftreten, so erscheinen sie in einer bestimmten Reihenfolge:

me				
	le			
te		lui		
	la		y en	+ konjugierte Verbform oder Infinitiv
se		leur		
	les			
nous				
vous				

Es können bis zu zwei Pronomen vor dem konjugierten Verb oder Infinitiv stehen:

me te se nous vous	vor	le la les :
Maman, est-ce que tu me racontes l'histoire ?		**- Oui, je te la raconte tout de suite.**
Mama, erzählst du mir die Geschichte?		*- Ja, ich erzähle sie dir gleich.*
le la les	**vor**	**lui leur :**
Ah, les photos de l'excursion ! Tu les as déjà montrées à Marc ?		**- Non, je ne les lui ai pas encore montrées.**
Ah, die Fotos vom Ausflug! Hast du sie schon Marc gezeigt?		*- Nein, ich habe sie ihm noch nicht gezeigt.*

me te se nous vous lui leur	vor	y en :
Est-ce que tu peux nous parler de tes vacances ?		**- Oui, je vais vous en parler tout de suite.**
Kannst du uns von deinen Ferien erzählen?		*- Ja, ich werde euch gleich davon erzählen.*

y	vor	en :
Il y a encore du café ?		**- Oui, il y en a encore.**
Ist noch Kaffee da?		*- Ja, es ist noch welcher da.*

Die Demonstrativbegleiter

Die Formen der Demonstrativbegleiter

	vor Konsonant		vor Vokal		vor stummem h	
männliche Formen						
Singular	ce	train	cet	arbre	cet	hôtel
Plural	ces	trains	ces	arbres	ces	hôtels
weibliche Formen						
Singular	cette	ville	cette	information	cette	histoire
Plural	ces	villes	ces	informations	ces	histoires

Der Demonstrativbegleiter im Singular lautet für männliche
Substantive **ce** und für weibliche Substantive **cette**. Vor Vokal und
stummem **h** wird **ce** zu **cet**.
Im Plural gibt es für männliche und weibliche Substantive nur eine
Form, nämlich **ces**.

Der Gebrauch der Demonstrativbegleiter

Die Demonstrativbegleiter werden benutzt, um auf bestimmte
Gegenstände oder Personen hinzuweisen.

Il faut lire ce livre.   *Man muss dieses Buch lesen.*

Die Demonstrativbegleiter werden auch in folgenden Wendungen
benutzt, die Sie sich am besten gleich einprägen:

ce matin	*heute Morgen*
cet après-midi	*heute Nachmittag*
ce soir	*heute Abend*

Die Demonstrativpronomen

Die Formen der Demonstrativpronomen

	männlich	weiblich
Singular	celui	celle
Plural	ceux	celles

Der Gebrauch der Demonstrativpronomen

Während die Demonstrativbegleiter immer vor einem Substantiv stehen, ersetzen die Demonstrativpronomen das Substantiv. Sie stehen jedoch nie alleine, sondern werden gefolgt von:

- einer Ergänzung mit Präposition (z.B. **de**, **à** oder **pour**):

Ce n'est pas le livre de Nicolas, c'est celui de Pascale.
Das ist nicht Nicolas' Buch, es ist das von Pascale.

- einem Relativsatz:

Tu as pris toutes les BD ?   *Hast du alle Comics mitgenommen?*
- Non, j'ai seulement pris   *- Nein, ich habe nur die genommen,*
celles qui m'intéressent.   *die mich interessieren.*

- oder den Stützwörtern **-ci** oder **-là**. Dabei weist **-ci** auf etwas Näheres hin bzw. auf das Erstgenannte, und **-là** auf etwas Ferneres bzw. das Letztgenannte:

Tu prends quel pantalon ?   *Welche Hose kaufst du? Die hier*
Celui-ci ou celui-là ?   *oder die da drüben?*
- Je préfère celui-là.   *- Ich mag die da lieber.*

Die Possessivbegleiter

Die Formen der Possessivbegleiter

Substantiv	Singular		Plural
	männlich	weiblich	männlich + weiblich
Ein Besitzer			
1. Person	mon frère mon ami	ma sœur mon amie	mes frères/amis mes sœurs/amies
2. Person	ton frère ton ami	ta sœur ton amie	tes frères/amis tes sœurs/amies
3. Person	son frère son ami	sa sœur son amie	ses frères/amis ses sœurs/amies
Mehrere Besitzer			
1. Person	notre frère	notre sœur	nos frères nos sœurs
2. Person	votre frère	votre sœur	vos frères vos` sœurs
3. Person	leur frère	leur sœur	leurs frères leurs sœurs

Im Gegensatz zum Deutschen richtet sich der Possessivbegleiter im Französischen nicht nach dem Geschlecht des Besitzers, sondern nach der Zahl und dem Geschlecht des Besitzes.

Aufgepasst! Wenn ein weibliches Substantiv mit Vokal oder stummem **h** beginnt, so stehen in der 1., 2. und 3. Person Singular die Possessivbegleiter **mon, ton** und **son** vor dem Substantiv, auf das sie sich beziehen.

Der Gebrauch der Possessivbegleiter

Die Possessivbegleiter werden verwendet, um ein Besitz- oder ein Zugehörigkeitsverhältnis zum Ausdruck zu bringen:

Sur la table, il y a mon livre. *Auf dem Tisch befindet sich mein Buch.*

Je vais passer les vacances avec mes parents. *Ich werde die Ferien mit meinen Eltern verbringen.*

Les pronoms – Die Pronomen

Die Possessivpronomen

Die Formen der Possessivpronomen

Substantiv	Singular		Plural	
Ein Besitzer	**männlich**	**weiblich**	**männlich**	**weiblich**
1. Person	le mien	la mienne	les miens	les miennes
2. Person	le tien	la tienne	les tiens	les tiennes
3. Person	le sien	la sienne	les siens	les siennes
Mehrere Besitzer				
1. Person	le nôtre	la nôtre	les nôtres	les nôtres
2. Person	le vôtre	la vôtre	les vôtres	les vôtres
3. Person	le leur	la leur	les leurs	les leurs

Wie der Possessivbegleiter richtet sich auch das Possessivpronomen
nach dem Geschlecht und der Zahl des Besitzes.

Der Gebrauch der Possessivpronomen

Während die Possessivbegleiter immer vor einem Substantiv stehen,
ersetzen die Possessivpronomen das Substantiv und können alleine
stehen:

C'est le vélo de ton frère ?	_Ist das das Fahrrad deines Bruders?_
- Oui, c'est le sien.	_- Ja, das ist seines._
C'est le portable de Marc ?	_Ist das Marcs Handy?_
- Non, c'est le mien.	_- Nein, das ist meines._

Das Possessivpronomen können Sie auch in folgenden Wendungen
erkennen:

À la tienne ! / À la vôtre !	_Prost! Auf dein / euer / Ihr Wohl!_
les miens / les siens	_meine / seine Familie, meine / seine Angehörigen_ (wörtlich: _die Meinen / die Seinen_)

Die Possessivpronomen

49

Leicht gemerkt!

Pronomen können entweder ein einzelnes Substantiv oder ganze Satzteile (z.B. Subjekte, Objekte oder Ergänzungen) ersetzen. Im Folgenden haben wir die wichtigsten Pronomen im Französischen für Sie noch einmal aufgelistet:

Verbundene Personalpronomen

Die verbundenen Personalpronomen stehen immer in enger Verbindung mit einem Verb. Sie ersetzen das Subjekt eines Satzes:

Monsieur Lacroix fait les courses.	*Herr Lacroix geht einkaufen.*
Il fait les courses.	*Er geht einkaufen.*

Unverbundene Personalpronomen

Im Gegensatz zu den verbundenen Personalpronomen können unverbundene Personalpronomen im Satz eigenständig stehen:

C'est Marie qui a pris les photos.	*Marie hat die Fotos gemacht.*
C'est elle qui a pris les photos.	*Sie hat die Fotos gemacht.*

Direkte Objektpronomen

Die direkten Objektpronomen ersetzen ein Akkusativobjekt. Dabei stehen sie im Satz immer vor dem konjugierten Verb:

Est-ce que tu as vu les garçons ?	*Hast du die Jungs gesehen?*
Est-ce que tu les as vus ?	*Hast du sie gesehen?*

Indirekte Objektpronomen

Die indirekten Objektpronomen ersetzen ein Dativobjekt. Im Satz steht das indirekte Objektpronomen immer vor dem konjugierten Verb. Wird das konjugierte Verb jedoch von einem Infinitiv gefolgt, dann steht das indirekte Objektpronomen vor dem Infinitiv:

Demain, je vais écrire à Jean.	*Morgen werde ich Jean schreiben.*
Demain, je vais lui écrire.	*Morgen werde ich ihm schreiben.*

Reflexivpronomen

Reflexivpronomen beziehen sich auf das Subjekt eines Satzes zurück:

Nous nous lavons les mains.	*Wir waschen uns die Hände.*

Die Adverbialpronomen *y* und *en*

Das Adverbialpronomen **y** vertritt Ortsbestimmungen und Ergänzungen mit **à**:

Elle habite en France.	*Sie wohnt in Frankreich.*
Elle y habite.	*Sie wohnt dort.*

Das Pronomen **en** vertritt Ergänzungen mit **de**:

Jacques parle de ses vacances. *Jacques spricht von seinen Ferien.*
Jacques en parle. *Jacques spricht davon.*

Beachten Sie, dass die Adverbialpronomen **y** und **en** immer vor dem konjugierten Verb stehen!

Demonstrativformen
Bei den Demonstrativformen müssen Sie zwischen
Demonstrativbegleitern (vor einem Substantiv) und **Demonstrativpronomen** (anstelle eines Substantivs) unterscheiden:

Est-ce que tu prends ce pantalon ? *Kaufst du diese Hose hier?*
- Non, je prends celui-là. *- Nein, ich kaufe die dort drüben.*

Possessivformen
Dasselbe gilt auch bei den Possessivformen. Hier unterscheidet man **Possessivbegleiter** (vor einem Substantiv) und **Possessivpronomen** (anstelle eines Substantivs):

Est-ce que c'est ton livre ? *Ist das dein Buch?*
- Non, c'est le sien. *- Nein, es ist seines.*

Die Indefinitpronomen

aucun

Est-ce qu'il y a un problème ou une question ?
Gibt es ein Problem oder eine Frage?
– Non, nous n'avons aucun problème et aucune question.
– Nein, wir haben kein Problem und keine Frage.

Aucun stimmt im Genus mit seinen Bezugselementen überein. Tritt es hingegen in verneinten Sätzen auf, so wird es von der Negation **ne** begleitet und mit *kein* übersetzt.

certain

certain als Begleiter des Substantivs

Certain als Begleiter des Substantivs wird in der Bedeutung *gewisse(-r, -s)*, *bestimmte(-r, -s)* oder *einige* verwendet:

	männlich	**weiblich**
Singular	Il y a un certain problème avec	une certaine personne.
	Es gibt da ein bestimmtes Problem mit einer gewissen Person.	
Plural	Il y a certains problèmes avec	certaines personnes.
	Es gibt gewisse Probleme mit einigen Leuten.	

Wenn **certain** als Begleiter des Substantivs verwendet wird, so gleicht es sich in Zahl und Geschlecht dem Substantiv an, auf das es sich bezieht. Im Singular steht vor **certain, certaine** der unbestimmte Artikel **un** oder **une**, der im Plural entfällt.

certains als Stellvertreter des Substantivs

Tous mes amis veulent faire une fête, mais certains ne veulent pas m'aider à la préparer.   *All meine Freunde wollen eine Feier machen, aber einige wollen mir nicht dabei helfen, sie vorzubereiten.*

Wenn **certains** als Stellvertreter des Substantivs gebraucht wird, kann es im Deutschen mit *einige, gewisse* oder *bestimmte* übersetzt werden. **Certains** ist in dieser Funktion unveränderlich. Das Verb wird in der 3. Person Plural angeschlossen.

chaque, chacun

Chaque ist ein unveränderlicher Begleiter des Substantivs:

J'adore chaque roman de Flaubert.   *Ich mag jeden Roman von Flaubert.*

Chaque été nous partons en vacances à la mer.   *Wir fahren jeden Sommer in den Ferien ans Meer.*

Chacun und **chacune** ersetzen ein Substantiv. Sie werden nur im Singular gebraucht, wobei **chacun** für männliche und **chacune** für weibliche Substantive steht:

Il dit bonjour à chacun et à chacune.   *Er sagt jedem und jeder guten Tag.*

Les pronoms – *Die Pronomen*

Das unpersönliche *on*

On wird in der Umgangssprache häufig für **nous** verwendet und wird mit *wir* übersetzt:

Vous êtes où ?	*Wo seid ihr?*
Nous sommes ici.	*Wir sind hier.*
On est ici.	*Wir sind hier.*

On kann auch für das deutsche *man* stehen:

On dit que ...	*Man sagt, dass ...*

plusieurs

Plusieurs in der Bedeutung *mehrere* ist unveränderlich und steht als

- Begleiter des Substantivs:

On a vendu plusieurs jupes et pantalons.	*Wir haben mehrere Röcke und Hosen verkauft.*

- Stellvertreter des Substantivs:

Plusieurs sont bon marché.	*Mehrere sind günstig.*

quelqu'un/quelque chose – personne/rien

Quelqu'un est venu.	**Personne n'est venu.**
Jemand ist gekommen.	*Niemand ist gekommen.*
Quelque chose me fait plaisir.	**Rien ne me fait plaisir.**
Etwas macht mir Spaß.	*Nichts macht mir Spaß.*
J'ai vu quelqu'un.	**Je n'ai vu personne.**
Ich habe jemanden gesehen.	*Ich habe niemanden gesehen.*
J'ai trouvé quelque chose.	**Je n'ai rien trouvé.**
Ich habe etwas gefunden.	*Ich habe nichts gefunden.*

Quelqu'un und **quelque chose** werden als Subjekt und Objekt in bejahenden Sätzen verwendet. **Personne** und **rien** stehen in verneinenden Sätzen in Verbindung mit dem Verneinungselement **ne**.

quelque(s)

Il me faut quelque temps pour terminer le livre.
Ich benötige einige Zeit, um das Buch zu beenden.
Je vais acheter quelques livres.
Ich werde einige Bücher kaufen.
Plus tard, je vais acheter aussi quelques pommes.
Später werde ich auch einige Äpfel kaufen.

Quelque als Begleiter des Substantivs gleicht sich in der Zahl dem Substantiv an. **Quelque** steht im Singular vor männlichen und weiblichen Substantiven ohne Artikel. Es wird meistens literarisch gebraucht.

Quelques steht im Plural vor männlichen oder weiblichen Substantiven, die von dem bestimmten Artikel oder einem Demonstrativpronomen begleitet werden oder aber ohne Artikel stehen.

tout

tout als Begleiter des Substantivs

	männlich		weiblich		
	Philippe a vu				
	Philippe hat				
Singular	**tout**	**le Portugal,**	**toute**	**la France,**	
	ganz	*Portugal,*	*ganz*	*Frankreich,*	
Plural	**tous**	**les pays,**	**toutes**	**les capitales.**	
	alle	*Länder,*	*alle*	*Hauptstädte*	*gesehen.*

Tout ist veränderlich und richtet sich in Geschlecht und Zahl nach dem zugehörigen Substantiv.

Nach **tout** folgt meist der bestimmte Artikel. Anstelle des bestimmten Artikels können auch Possessiv- oder Demonstrativformen folgen, z.B. **toutes mes amies, toute ma famille**.

> **Tout le monde** bedeutet in der Regel *alle* und bezieht sich auf eine Menge von Personen (nicht von Sachen).

Tout + bestimmter Artikel wird gebraucht, um *der/die/das ganze* oder *alle* zum Ausdruck zu bringen:

Nous nous sommes promenés | *Wir sind den ganzen Nachmittag*
tout l'après-midi. | *spazieren gegangen.*

Das unveränderliche tout

Tout ist in der Bedeutung *alles* unveränderlich:

Est-ce que tu as tout mangé ? | *Hast du alles gegessen?*

Les pronoms – *Die Pronomen*

Leicht gemerkt!

Indefinitpronomen

Hier noch einmal die wichtigsten Indefinitpronomen auf einen Blick:

aucun(e)	*keiner, keine, keines*	**quelqu'un**	*jemand*
certain(e)(s)	*gewisse(-r, -s), bestimmte(-r, -s), einige*	**quelque chose**	*etwas*
chaque	*jeder, jede, jedes*	**personne**	*niemand*
chacun(e)	*jeder, jede, jedes einzelne*	**rien**	*nichts*
on	*man*	**quelque(s)**	*einige*
plusieurs	*mehrere*	**tout(e)(s) / tous**	*alles, alle, der / die / das ganze*

Beachten Sie, dass nur manche Indefinitpronomen in Zahl und Geschlecht veränderlich sind!

> Wie Sie sehen, kann es etwas mühsam sein, die Wortbedeutungen der Indefinitpronomen auswendig zu lernen. Deshalb empfiehlt es sich, diese Pronomen immer in einem bestimmten Satzzusammenhang zu lernen. Können Sie schon eigene französische Sätze bilden, in denen die oben genannten Pronomen vorkommen? Versuchen Sie es und achten Sie dabei besonders auf die Veränderlichkeit der Indefinitpronomen in Zahl und Geschlecht!

6 | La négation – *Die Verneinung*

Die Verneinungselemente

Die Verneinung wird aus dem Verneinungselement **ne** und einem weiteren Verneinungswort gebildet.
Steht **ne** vor Vokal oder stummem **h**, so verkürzt es sich zu **n'**.

Anders als im Deutschen besteht die französische Verneinung aus zwei Wörtern.

Folgende Verneinungselemente gibt es im Französischen:

ne … pas	*nicht*
ne … plus	*nicht mehr*
ne … jamais	*nie*
ne … plus jamais	*nie mehr*
ne … rien	*nichts*
ne … plus rien	*nichts mehr*
ne … personne	*niemand*
ne … plus personne	*niemand mehr*
ne … pas encore	*noch nicht*
ne … toujours pas	*immer noch nicht*
ne … pas toujours	*nicht immer*
ne … ni … ni	*weder … noch*
ne … pas … ni	*weder … noch*
ne … pas … du tout	*überhaupt nicht*

Wenn Sie wollen, können Sie in der Umgangssprache im Gespräch das Element **ne** auch weglassen, denn dies machen die Franzosen gerne. In der Schriftsprache muss **ne** allerdings immer benutzt werden, daran führt kein Weg vorbei.

La négation – *Die Verneinung*

Die Stellung der Verneinungselemente

Im Folgenden haben wir für Sie aufgeführt, wie sich die Verneinungselemente in einem Satz verhalten:

Le pauvre Luc !				*Der arme Luc!*
Il	**ne**	sait	**pas**	conduire.	*Er kann nicht Auto fahren.*
Il	**n'**	habite	**plus**	ici.	*Er wohnt nicht mehr hier.*
Il	**ne**	va	**jamais**	au théâtre.	*Er geht nie ins Theater.*
Il	**ne**	mange	**plus jamais**	dans un restaurant.	*Er isst nie mehr im Restaurant.*
Il	**ne**	lit	**rien.**		*Er liest nichts.*
Il	**ne**	fait	**plus rien.**		*Er macht nichts mehr.*
Il	**ne**	voit	**personne.**		*Er trifft niemanden.*
Il	**ne**	connaît	**plus personne.**		*Er kennt niemanden mehr.*
Il	**ne**	sait	**pas encore**	faire la cuisine.	*Er kann noch nicht kochen.*
Il	**n'**	est	**toujours pas**	heureux.	*Er ist immer noch nicht glücklich.*
Il	**n'**	a	**pas toujours**	envie de se lever.	*Er hat nicht immer Lust aufzustehen.*
Il	**n'**	aime	**ni** sa femme **ni** son fils.		*Er mag weder seine Frau noch seinen Sohn.*
Il	**n'**	aime	**pas** sa femme, **ni** son fils d'ailleurs !		*Er mag seine Frau nicht und seinen Sohn übrigens auch nicht!*
Il	**ne**	veut	**ni** faire les courses **ni** manger.		*Er möchte weder einkaufen noch essen.*
Il	**ne**	veut	**pas** boire, **ni** manger d'ailleurs !		*Er möchte nichts trinken und übrigens auch nichts essen!*
Il	**n'**	est	**pas** content **du tout.**		*Er ist überhaupt nicht glücklich.*

1. Die Verneinungselemente umschließen in einfachen Zeiten und im Imperativ das konjugierte Verb:

ne n'	konjugiertes Verb	pas plus rien jamais personne etc.

Je n'aime pas les maths.   *Ich mag Mathe nicht.*

2. Dies gilt auch bei Infinitivkonstruktionen, außer bei der Verneinung mit **ne ... personne**:

ne n'	konjugiertes Verb	pas plus rien jamais etc.	Infinitiv

Je n'aime pas jouer au foot.   *Ich spiele nicht gerne Fußball.*

Ne ... personne umschließt das konjugierte Verb und den Infinitiv:

ne n'	konjugiertes Verb	Infinitiv	personne

Elle est très timide, elle ne veut rencontrer personne.   *Sie ist sehr schüchtern, sie möchte niemanden treffen.*

3. Steht ein Reflexivpronomen, ein direktes oder indirektes Objektpronomen bzw. **en** oder **y** vor dem konjugierten Verb, so umschließt die Verneinung die Gruppe aus Pronomen und Verb:

ne n'	Pronomen	konjugiertes Verb	pas plus rien jamais personne etc.

Il ne lui a pas téléphoné.   *Er hat ihn nicht angerufen.*

4. In zusammengesetzten Zeiten umschließen die Verneinungselemente das Hilfsverb, außer bei der Verneinung **ne ... personne**:

ne n'	avoir/être	pas plus rien jamais etc.	Partizip

Tu n'as pas vu le Petit Chaperon rouge ?   *Hast du Rotkäppchen nicht gesehen?*

La négation – *Die Verneinung*

Ne ... personne umschließt das Hilfsverb und das Partizip:

ne / n'	avoir/être	Partizip	**personne**

Non, je n'ai vu personne.   *Nein, ich habe niemanden gesehen.*

Die Verneinung in Verbindung mit Mengen

Bei Verneinungen in Verbindung mit Mengenangaben drückt die Verneinung die Menge Null aus.
Zwischen der Verneinung und dem folgenden Substantiv steht **de**. Vor Vokal und stummem **h** wird **de** zu **d'**:

Je	n'	ai	pas	d'	oranges.	*keine*
			plus	de	pommes.	*keine ... mehr*
			jamais	de	viande.	*nie*

Un, une oder **des** werden in der Verneinung zu **de**:

Est-ce qu'il y a		un	restaurant	
		une	école	près d'ici?
		des	hôtels	

Gibt es hier in der Nähe ein Restaurant / eine Schule / Hotels?

- **Non, monsieur, il n'y a pas**	de	restaurant	
	d'	école	près d'ici.
	d'	hôtels	

- Nein, es gibt hier in der Nähe kein Restaurant / keine Schule / keine Hotels.

> Werden jedoch die Verben **être, aimer** oder **détester** verneint, so steht kein **de**. Bei **aimer** und **détester** folgt der bestimmte Artikel:
>
> **Je n'aime pas les oranges.** *Ich mag keine Orangen.*
> **Je ne déteste pas les poires.** *Ich hasse Birnen nicht.*
>
> Bei **être** folgt der unbestimmte Artikel:
>
> **Est-ce que c'est un chien ?** *Ist das ein Hund?*
> **- Non, ce n'est pas un chien. C'est un chat.** *- Nein, das ist kein Hund. Das ist eine Katze.*
> **Est-ce que ce sont des fraises bon marché ?** *Sind das billige Erdbeeren?*
> **- Non, ce ne sont pas des fraises bon marché. Elles sont chères.** *- Nein, das sind keine billigen Erdbeeren. Sie sind teuer.*

Leicht gemerkt!

Merken Sie sich, dass bei der Verneinung **ne** immer *vor* dem konjugierten Verb steht und **pas, plus, jamais** usw. *nach* dem konjugierten Verb folgen:

Je ne dors pas. *Ich schlafe nicht.*
Je n'ai pas dormi. *Ich habe nicht geschlafen.*
Je ne vais pas dormir. *Ich werde nicht schlafen.*

Die Verneinung mit **ne ... personne** bildet eine Ausnahme. In Infinitivkonstruktionen und in zusammengesetzten Zeiten folgt **personne** *nach* dem Infinitiv bzw. *nach* dem Partizip Perfekt:

Je ne vois personne. *Ich sehe niemanden.*
Je n'ai vu personne. *Ich habe niemanden gesehen.*
Je ne vais voir personne. *Ich werde niemanden sehen.*

> So können Sie die verschiedenen Verneinungsformen im Französischen prima üben: Schlagen Sie eine französische Zeitung auf oder suchen Sie sich im Internet einen französischen Text. Versuchen Sie, in Ihrem Text einen bestimmten Satz oder auch mehrere Sätze auf die unterschiedlichsten Arten zu verneinen (mit **ne ... pas, ne ... plus, ne ... jamais** usw.). Achten Sie dabei besonders auf die richtige Stellung der Verneinungselemente!

7 | Le verbe – *Das Verb*

Die Bildung der Verben auf *-er* im Präsens

Die regelmäßigen Verben auf -er

 Es lohnt sich, die Konjugation der Verben auf **-er** zu lernen, da die meisten dieser Verben regelmäßig sind und sie rund 90% der französischen Verben ausmachen.

Die Konjugation der Verben auf **-er** lautet im Präsens wie folgt:

parler *(sprechen)*			
je	parl**e**	*ich*	*spreche*
tu	parl**es**	*du*	*sprichst*
il		*er*	*spricht*
elle	} parl**e**	*sie*	*spricht*
on		*man*	*spricht*
nous	parl**ons**	*wir*	*sprechen*
vous	parl**ez**	*ihr / Sie*	*sprechen*
ils	} parl**ent**	*sie* (männlich)	*sprechen*
elles		*sie* (weiblich)	*sprechen*

Die Verben auf **-er** haben die Endungen **-e**, **-es**, **-e**, **-ons**, **-ez**, **-ent**. Allerdings kann man in der gesprochenen Sprache nur die Endungen **-ons** und **-ez** hören, da alle anderen Endungen fast stumm sind.

Die Verben auf -er mit Besonderheiten in der Schreibweise

Die Verben, die auf **-cer** und **-ger** enden, weisen Besonderheiten im Schriftbild auf:

commencer *(beginnen)*		manger *(essen)*	
je	commence	je	mange
tu	commences	tu	manges
il		il	
elle	} commence	elle	} mange
on		on	
nous	commen**ç**ons	nous	man**ge**ons
vous	commencez	vous	mangez
ils	} commencent	ils	} mangent
elles		elles	

!
● Damit die Aussprache des Stammes immer erhalten bleibt, wird bei
den Verben:
– auf **-cer** in der 1. Person Plural **-c-** zu **-ç-**.
– auf **-ger** in der 1. Person Plural **-g-** zu **-ge-**.

Die Verben auf -ayer, -oyer und -uyer

Die Konjugation der Verben auf **-ayer** lautet wie folgt:

payer *(bezahlen)*	
je	paie/paye
tu	paies/payes
il	
elle	paie/paye
on	
nous	payons
vous	payez
ils	paient/payent
elles	

Bei den Verben, die auf **-ayer** enden, wird meist das **-y-** in der 1.,
2. und 3. Person Singular sowie in der 3. Person Plural zu **-i-**. Die
Formen mit **-y-** existieren jedoch ebenfalls.

Das Konjugationsmuster der Verben, die auf **-oyer** und **-uyer** enden,
lautet wie folgt:

nettoyer *(putzen)*		essuyer *(abtrocknen)*	
je	nettoie	j'	essuie
tu	nettoies	tu	essuies
il		il	
elle	nettoie	elle	essuie
on		on	
nous	nettoyons	nous	essuyons
vous	nettoyez	vous	essuyez
ils	nettoient	ils	essuient
elles		elles	

Bei den Verben auf **-oyer** und **-uyer** wird das **-y-** in der 1., 2. und 3.
Person Singular sowie in der 3. Person Plural zu **-i-**.

Le verbe – *Das Verb*

Verben auf -er mit stamm- und endungsbetonten Formen

Einige Verben auf **-er** ändern ihren Verbstamm, je nachdem, ob es sich um stammbetonte Formen (1., 2. und 3. Person Singular sowie 3. Person Plural) oder endungsbetonte Formen (1. und 2. Person Plural) handelt.

1. Wenn man die Endung fast nicht hört, erhält das **-e** des Stammes einen Akzent:

acheter *(kaufen)*	
j'	ach**è**te
tu	ach**è**tes
il	
elle	} ach**è**te
on	
nous	ach**e**tons
vous	ach**e**tez
ils	
elles	} ach**è**tent

Nach diesem Konjugationsmuster werden auch folgende Verben konjugiert:
enlever *(wegnehmen)*, **lever** *(hochheben / aufheben)*, **mener** *(hinführen)*, **peser** *(wiegen)* usw.

2. Andere Verben verdoppeln im Stamm einen Konsonanten, wenn die Form stammbetont ist:

jeter *(werfen)*	
je	je**tt**e
tu	je**tt**es
il	
elle	} je**tt**e
on	
nous	je**t**ons
vous	je**t**ez
ils	
elles	} je**tt**ent

Nach diesem Konjugationsmuster werden auch folgende Verben konjugiert:
s'appeler *(heißen)*, **se rappeler** *(sich erinnern)*, **épeler** *(buchstabieren)*, **projeter** *(projizieren / planen)* usw.

Die Bildung der Verben auf *-er* im Präsens

3. Verben, die auf **-é...er** enden, haben in den stammbetonten Formen ein **-è-** und in den endungsbetonten Formen ein **-é-**:

préférer *(lieber mögen)*	
je	préfère
tu	préfères
il / elle / on	préfère
nous	préférons
vous	préférez
ils / elles	préfèrent

Nach diesem Konjugationsmuster werden auch folgende Verben konjugiert: **compléter** *(vervollständigen)*, **espérer** *(hoffen)*, **répéter** *(wiederholen)*, **exagérer** *(übertreiben)* usw.

Die Bildung der Verben auf *-ir* im Präsens

Die Verben auf **-ir** werden in Verben mit und ohne Stammerweiterung unterteilt. Insgesamt gibt es ungefähr 300 Verben, die auf **-ir** enden.

Lernen Sie bei jedem Verb, das auf **-ir** endet, gleich mit, ob es sich um ein Verb mit oder ohne Stammerweiterung handelt.

Verben auf -ir ohne Stammerweiterung

Die Verben auf **-ir** ohne Stammerweiterung haben im Präsens die Endungen **-s, -s, -t, -ons, -ez, -ent**. In der 1., 2. und 3. Person Singular fällt der Endkonsonant weg:

partir *(weggehen/abreisen)*	
je	pars
tu	pars
il / elle / on	part
nous	partons
vous	partez
ils / elles	partent

Nach diesem Konjugationsmuster werden auch folgende Verben konjugiert: **dormir** *(schlafen)*, **mentir** *(lügen)*, **sentir** *(fühlen)*, **sortir** *(hinausgehen / ausgehen)* usw.

Le verbe – *Das Verb*

Verben auf -ir mit Stammerweiterung

Die Verben auf **-ir** mit Stammerweiterung haben dieselben Endungen
wie die Verben ohne Stammerweiterung. Sie enden auf **-s, -s, -t, -ons,
-ez, -ent**. Außerdem wird in der 1., 2. und 3. Person Plural **-iss-** vor
der Endung hinzugefügt:

finir *(beenden)*	
je	**finis**
tu	**finis**
il	
elle }	**finit**
on	
nous	**finissons**
vous	**finissez**
ils }	**finissent**
elles	

Nach diesem Konjugationsmuster werden
auch folgende Verben konjugiert:
applaudir *(applaudieren)*, **choisir**
(auswählen), **réussir** *(Erfolg haben)*,
réfléchir *(nachdenken)* usw.

Die Bildung der Verben auf *-re* im Präsens

Diese Verbgruppe umfasst ungefähr 180 Verben, wovon viele unregel-
mäßig sind. Es ist deshalb ratsam, zu jedem neu gelernten Verb die
Konjugation gleich mitzulernen.

lire *(lesen)*	
je	**lis**
tu	**lis**
il	
elle }	**lit**
on	
nous	**lisons**
vous	**lisez**
ils }	**lisent**
elles	

Die Verben auf **-re** enden in der Regel auf
-s, -s, -t, -ons, -ez, -ent.
Da sie aber oft einen unregelmäßigen
Stamm haben, muss man jedes Verb einzeln
lernen.

Die Bildung der Verben auf *-re* im Präsens

Die Verben auf -dre im Präsens

attendre *(warten)*	
j'	attends
tu	attends
il / elle / on	attend
nous	attendons
vous	attendez
ils / elles	attendent

Das Konjugationsmuster der Verben auf **-dre** ist ähnlich, bis auf eine Ausnahme: Die Verben auf **-dre** haben die Endungen **-s, -s, -, -ons, -ez, -ent**, d.h. dass in der 3. Person Singular bei diesen Verben keine Endung angehängt wird. Ähnlich werden **entendre** *(verstehen)*, **perdre** *(verlieren)*, **vendre** *(verkaufen)* usw. gebildet.

Die wichtigsten unregelmäßigen Verben im Präsens

Infinitiv	Verbformen				Einige weitere Verben nach dem gleichen Muster
avoir *(haben)*	j'	ai	nous	avons	
	tu	as	vous	avez	
	il / elle / on	a	ils / elles	ont	
être *(sein)*	je	suis	nous	sommes	
	tu	es	vous	êtes	
	il / elle / on	est	ils / elles	sont	
aller *(gehen)*	je	vais	nous	allons	
	tu	vas	vous	allez	
	il / elle / on	va	ils / elles	vont	
boire *(trinken)*	je	bois	nous	buvons	
	tu	bois	vous	buvez	
	il / elle / on	boit	ils / elles	boivent	
conduire *(fahren)*	je	conduis	nous	conduisons	**construire** *(bauen)*, **cuire** *(kochen)*, **traduire** *(übersetzen)*
	tu	conduis	vous	conduisez	
	il / elle / on	conduit	ils / elles	conduisent	

Le verbe – *Das Verb*

connaître (kennen)	je	connais	nous	connaissons	disparaître (verschwinden), paraître (scheinen / erscheinen)
	tu	connais	vous	connaissez	
	il elle on	connaît	ils elles	connaissent	

courir (rennen)	je	cours	nous	courons	concourir (beitragen), parcourir (durchlaufen)
	tu	cours	vous	courez	
	il elle on	court	ils elles	courent	

craindre (fürchten)	je	crains	nous	craignons	atteindre (erreichen), contraindre (zwingen), joindre (verbinden), se plaindre (sich beklagen)
	tu	crains	vous	craignez	
	il elle on	craint	ils elles	craignent	

croire (glauben)	je	crois	nous	croyons	
	tu	crois	vous	croyez	
	il elle on	croit	ils elles	croient	

devoir (müssen/ schulden)	je	dois	nous	devons	
	tu	dois	vous	devez	
	il elle on	doit	ils elles	doivent	

dire (sagen)	je	dis	nous	disons	contredire (widersprechen), interdire (verbieten)
	tu	dis	vous	dites	
	il elle on	dit	ils elles	disent	

écrire (schreiben)	j'	écris	nous	écrivons	décrire (beschreiben), inscrire (eintragen)
	tu	écris	vous	écrivez	
	il elle on	écrit	ils elles	écrivent	

faire (machen)	je	fais	nous	faisons	
	tu	fais	vous	faites	
	il elle on	fait	ils elles	font	

Die wichtigsten unregelmäßigen Verben im Präsens

falloir *(müssen)*	il	faut			
mettre *(setzen/ stellen/ legen)*	je tu il elle on	mets mets met	nous vous ils elles	mettons mettez mettent	**permettre** *(erlauben)*, **promettre** *(versprechen)*, **transmettre** *(übertragen)*
mourir *(sterben)*	je tu il elle on	meurs meurs meurt	nous vous ils elles	mourons mourez meurent	
offrir *(anbieten/ schenken)*	j' tu il elle on	offre offres offre	nous vous ils elles	offrons offrez offrent	**découvrir** *(entdecken)*, **ouvrir** *(öffnen)*, **souffrir** *(leiden)*
plaire *(gefallen)*	je tu il elle on	plais plais plaît	nous vous ils elles	plaisons plaisez plaisent	
pleuvoir *(regnen)*	il	pleut			
pouvoir *(können/ dürfen)*	je tu il elle on	peux peux peut	nous vous ils elles	pouvons pouvez peuvent	
prendre *(nehmen)*	je tu il elle on	prends prends prend	nous vous ils elles	prenons prenez prennent	**comprendre** *(verstehen)*, **surprendre** *(überraschen)*
recevoir *(empfangen/ erhalten)*	je tu il elle on	reçois reçois reçoit	nous vous ils elles	recevons recevez reçoivent	

Le verbe – *Das Verb*

rire *(lachen)*	je	ris	nous	rions	
	tu	ris	vous	riez	
	il elle on	rit	ils elles	rient	
savoir *(wissen)*	je	sais	nous	savons	
	tu	sais	vous	savez	
	il elle on	sait	ils elles	savent	
suivre *(folgen)*	je	suis	nous	suivons	**poursuivre** *(verfolgen)*
	tu	suis	vous	suivez	
	il elle on	suit	ils elles	suivent	
venir *(kommen)*	je	viens	nous	venons	**appartenir** *(gehören)*, **devenir** *(werden)*, **soutenir** *(unterstützen)*, **tenir** *(halten)*
	tu	viens	vous	venez	
	il elle on	vient	ils elles	viennent	
valoir *(gelten/ Wert sein)*	je	vaux	nous	valons	
	tu	vaux	vous	valez	
	il elle on	vaut	ils elles	valent	
vivre *(leben)*	je	vis	nous	vivons	**survivre** *(überleben)*
	tu	vis	vous	vivez	
	il elle on	vit	ils elles	vivent	
voir *(sehen)*	je	vois	nous	voyons	
	tu	vois	vous	voyez	
	il elle on	voit	ils elles	voient	
vouloir *(wollen)*	je	veux	nous	voulons	
	tu	veux	vous	voulez	
	il elle on	veut	ils elles	veulent	

Die wichtigsten unregelmäßigen Verben im Präsens

Die Bildung der reflexiven Verben

Die reflexiven Verben haben ein Reflexivpronomen bei sich, das sich auf das Subjekt bezieht. Ansonsten werden sie wie alle anderen Verben behandelt.

 Im Gegensatz zum Deutschen stehen die Reflexivpronomen im Französischen vor dem konjugierten Verb:

s'habiller *(sich anziehen)*			se laver *(sich waschen)*		
je	m'	habille	je	me	lave
tu	t'	habilles	tu	te	laves
il elle on	} s'	habille	il elle on	} se	lave
nous	nous	habillons	nous	nous	lavons
vous	vous	habillez	vous	vous	lavez
ils elles	} s'	habillent	ils elles	} se	lavent

Die Reflexivpronomen lauten **me, te, se, nous, vous** und **se**.
Me, te und **se** werden vor Vokal oder stummem **h** zu **m'**, **t'** und **s'**.

 Nicht jedes französische reflexive Verb ist auch im Deutschen reflexiv und umgekehrt, zum Beispiel: **s'appeler** *(heißen),* **se promener** *(spazieren gehen),* aber **bouger** *(sich bewegen)*.

Die Bildung des Imparfait

Die Formen des Imparfait sehen wie folgt aus:

regarder *(anschauen)*	
je	regardais
tu	regardais
il elle on	} regardait
nous	regardions
vous	regardiez
ils elles	} regardaient

Das Imparfait wird gebildet, indem man an den Stamm der 1. Person Plural Präsens der regelmäßig und unregelmäßig gebildeten Verben die Imparfaitendungen **-ais, -ais, -ait, -ions, -iez** und **-aient** anhängt.

Le verbe – *Das Verb*

Hier finden Sie eine schematische Darstellung der Bildung des Imparfait:

Infinitiv	1. Person Plural Präsens		Imparfait	
parler	nous **parl**	ons	je	**parlais**
prendre	nous **pren**	ons	tu	**prenais**
aller	nous **all**	ons	il	**allait**
dormir	nous **dorm**	ons	nous	**dormions**
finir	nous **finiss**	ons	vous	**finissiez**
faire	nous **fais**	ons	ils	**faisaient**

Das Imparfait ist eine lernerfreundliche Zeit, weil nur **être** unregelmäßig ist:

être	j'	étais	nous	étions
	tu	étais	vous	étiez
	il/elle/on	était	ils/elles	étaient

Die Verben, die auf **-cer** und **-ger** enden, weisen Besonderheiten bei der Schreibweise des Imparfait auf:

commencer *(anfangen)*		**manger** *(essen)*	
je	commen**ç**ais	je	man**ge**ais
tu	commen**ç**ais	tu	man**ge**ais
il / elle / on	commen**ç**ait	il / elle / on	man**ge**ait
nous	commen**c**ions	nous	man**g**ions
vous	commen**c**iez	vous	man**g**iez
ils / elles	commen**ç**aient	ils / elles	man**ge**aient

Damit die Aussprache des Stammes immer erhalten bleibt, wird bei den Verben:

– auf **-cer** bei **je, tu, il, elle, on, ils** und **elles -c-** zu **-ç-**.
– auf **-ger** bei **je, tu, il, elle, on, ils** und **elles -g-** zu **-ge-**.

Die Bildung des Imparfait

Die Bildung des Passé composé

Die Formen des Passé composé mit **avoir** und **être**

Das Passé composé setzt sich aus einer Präsensform von **avoir** oder **être** und dem Partizip Perfekt des jeweiligen Verbs zusammen.

parler *(sprechen)*			arriver *(ankommen)*		
j'	ai	parlé	je	suis	arrivé/arrivée
tu	as	parlé	tu	es	arrivé/arrivée
il			il		arrivé
elle }	a	parlé	elle }	est	arrivée
on			on		arrivé(s)/arrivée(s)
nous	avons	parlé	nous	sommes	arrivés/arrivées
vous	avez	parlé	vous	êtes	arrivés/arrivées
ils }	ont	parlé	ils }	sont	arrivés
elles			elles		arrivées

Bei der Bildung des Passé composé mit **avoir** bleibt das Partizip Perfekt in der Regel unveränderlich, außer es geht ein direktes Objekt voraus (▶ Seite 74).
Wird das Passé composé jedoch mit **être** gebildet, so gleicht sich das Partizip Perfekt in Geschlecht und Zahl dem Subjekt des Satzes an. Bezieht sich das Partizip Perfekt auf ein Subjekt, das aus unterschiedlichem Genus besteht, so richtet es sich nach dem Männlichen, z.B.:

Marc et Marie sont allés à la piscine. *Marc und Marie sind ins Schwimmbad gegangen.*

Die Bildung des Passé composé mit **avoir** oder **être**

 Die Verwendung beim Perfekt von *haben* und *sein* verhält sich anders als im Deutschen, z.B.:

J'ai été à la piscine. *Ich bin im Schwimmbad gewesen.*
J'ai beaucoup voyagé. *Ich bin viel gereist.*

1. Die meisten Verben bilden das Passé composé mit **avoir**:

Hier, Pierre a préparé le repas. Puis, il a mangé. *Gestern hat Pierre das Essen gemacht. Dann hat er gegessen.*

Le verbe – Das Verb

2. Einige wenige Verben bilden das Passé composé mit **être**: Dazu gehören einige Verben der Bewegungsrichtung oder des Verweilens, z.B. **aller, arriver, entrer, partir, rester, rentrer, tomber, venir** und **revenir**:

Hier, je suis allé(e) à Paris.   *Gestern bin ich nach Paris gefahren.*
Je suis arrivé(e) vers dix   *Ich bin gegen 10 Uhr angekommen.*
heures.

Die Verben **naître, devenir, mourir** und **décéder** bilden das Passé composé ebenfalls mit **être**:

Il est né en 1960.   *Er ist 1960 geboren.*

Ebenso mit **être** wird das Passé composé sämtlicher reflexiver Verben gebildet:

Elle s'est réveillée. Puis, elle   *Sie ist aufgewacht. Dann ist sie*
s'est levée.   *aufgestanden.*

Aber aufgepasst! Wenn dem reflexiven Verb ein direktes Objekt folgt, so bleibt das Partizip Perfekt unverändert, z.B.:

Elle s'est lavée.   aber: **Elle s'est lavé les mains.**
Sie hat sich gewaschen.   *Sie hat sich die Hände gewaschen.*

3. Es gibt einige wenige Verben, die das Passé composé mit **avoir** oder mit **être** bilden.

Die Verben **monter, descendre, sortir, entrer** und **rentrer** bilden das Passé composé

- in der Regel mit **être**:   **Elle est descendue du train.**
   Sie ist aus dem Zug ausgestiegen.

- mit **avoir**, wenn ihnen ein   **Elle a descendu la valise du**
  direktes Objekt folgt: **train.**
   Sie hat den Koffer aus dem Zug
   ausgeladen.

Die Bildung des Passé composé

Die Veränderlichkeit des Partizip Perfekts bei der Bildung des Passé composé mit **avoir**

In der Regel bleibt das Partizip Perfekt bei der Bildung des Passé composé mit **avoir** unverändert:

Nous avons vu Julie. *Wir haben Julie gesehen.*

Geht dem Passé composé jedoch ein direktes Objekt voraus, so wird das Partizip Perfekt in Geschlecht und Zahl dem direkten Objekt angeglichen.
Das direkte Objekt kann ein direktes Objektpronomen, z.B. **me, te, le, la, nous, vous** oder **les** sein. Es kann aber auch in Form des Relativpronomens **que** vorausgehen:

Est-ce que vous avez vu Julie ? *Habt ihr Julie gesehen?*

Oui, nous l'avons vue. *Ja, wir haben sie gesehen.*
C'est Julie que nous avons vue. *Es ist Julie, die wir gesehen haben.*

J'ai acheté les chaussures. *Ich habe die Schuhe gekauft.*

Je les ai achetées. *Ich habe sie gekauft.*
Ce sont les chaussures que j'ai achetées. *Das sind die Schuhe, die ich gekauft habe.*

Le verbe – Das Verb

Die Bildung des Plusquamperfekts

Das Plusquamperfekt (Plus-que-parfait) setzt sich aus der Imparfaitform von **avoir** oder **être** und dem Partizip Perfekt des jeweiligen Verbs zusammen.

lire *(lesen)*			**rester** *(bleiben)*		
j'	avais	lu	j'	étais	resté/restée
tu	avais	lu	tu	étais	resté/restée
il			il		resté
elle }	avait	lu	elle }	était	restée
on			on		resté(s)/restée(s)
nous	avions	lu	nous	étions	restés/restées
vous	aviez	lu	vous	étiez	restés/restées
ils			ils		restés
elles }	avaient	lu	elles }	étaient	restées

Bei der Bildung des Plusquamperfekts mit **avoir** bleibt das Partizip Perfekt in der Regel unveränderlich.

Wird das Plusquamperfekt jedoch mit **être** gebildet, so gleicht sich das Partizip Perfekt in Geschlecht und Zahl dem Subjekt des Satzes an. Bezieht sich das Partizip Perfekt auf ein Subjekt, das aus unterschiedlichem Genus besteht, so richtet es sich nach dem Männlichen, z.B.:

Marc et Marie étaient allés à la piscine.
Marc und Marie waren ins Schwimmbad gegangen.

Wenn Sie die Bildung des Passé composé beherrschen, dann wissen Sie jetzt auch schon, wann das Plusquamperfekt mit **avoir** und wann mit **être** gebildet wird. Die Regel ist nämlich dieselbe. Auch die Besonderheiten bei der Veränderlichkeit des Partizip Perfekts bei der Bildung mit **avoir** sind identisch. Ist das nicht fantastisch?

Le français, ce n'est pas trop difficile !
Französisch ist nicht so schwierig!

Den Gebrauch von **avoir** und **être** und die Regeln zur Veränderlichkeit von **être** und **avoir** entnehmen Sie bitte dem Kapitel ▶ Die Bildung des Passé composé, da die Bildung des Plusquamperfekts analog zur Bildung des Perfekts erfolgt.

Die Bildung des Passé simple

 Das Passé simple existiert in der deutschen Sprache nicht.

Die regelmäßigen Formen des Passé simple

Person	parler	attendre	choisir	croire
je/j'	parlai	attendis	choisis	crus
tu	parlas	attendis	choisis	crus
il/elle/on	parla	attendit	choisit	crut
nous	parlâmes	attendîmes	choisîmes	crûmes
vous	parlâtes	attendîtes	choisîtes	crûtes
ils/elles	parlèrent	attendirent	choisirent	crurent

Die regelmäßigen Verben auf **-er** bilden das Passé simple, indem folgende Endungen an den Stamm des Infinitivs angehängt werden:

-ai, -as, -a, -âmes, -âtes, -èrent

Die regelmäßigen Verben auf **-re** und **-ir** bilden das Passé simple, indem folgende Endungen an den Stamm des Infinitivs angehängt werden:

-is, -is, -it, -îmes, -îtes, -irent

Einige meist unregelmäßige Verben, so z.B. Verben, die auf **-oire** oder **-oir** enden (aber auch andere), haben folgende Endungen:

-us, -us, -ut, -ûmes, -ûtes, -urent

Wichtige unregelmäßige Formen im Passé simple

1. Unregelmäßige Verben mit den Endungen auf **-us, -ut** usw.

avoir	j'	eus	tu	eus	il/elle/on	eut
	nous	eûmes	vous	eûtes	ils/elles	eurent
être	je	fus	tu	fus	il/elle/on	fut
	nous	fûmes	vous	fûtes	ils/elles	furent
boire	je	bus	tu	bus	il/elle/on	but
	nous	bûmes	vous	bûtes	ils/elles	burent
lire	je	lus	tu	lus	il/elle/on	lut
	nous	lûmes	vous	lûtes	ils/elles	lurent
pouvoir	je	pus	tu	pus	il/elle/on	put
	nous	pûmes	vous	pûtes	ils/elles	purent

recevoir	je	reçus	tu	reçus	il/elle/on	reçut
	nous	reçûmes	vous	reçûtes	ils/elles	reçurent
savoir	je	sus	tu	sus	il/elle/on	sut
	nous	sûmes	vous	sûtes	ils/elles	surent
vivre	je	vécus	tu	vécus	il/elle/on	vécut
	nous	vécûmes	vous	vécûtes	ils/elles	vécurent
vouloir	je	voulus	tu	voulus	il/elle/on	voulut
	nous	voulûmes	vous	voulûtes	ils/elles	voulurent

2. Unregelmäßige Verben mit den Endungen auf **-is, -it** usw.

dire	je	dis	tu	dis	il/elle/on	dit
	nous	dîmes	vous	dîtes	ils/elles	dirent
écrire	j'	écrivis	tu	écrivis	il/elle/on	écrivit
	nous	écrivîmes	vous	écrivîtes	ils/elles	écrivirent
faire	je	fis	tu	fis	il/elle/on	fit
	nous	fîmes	vous	fîtes	ils/elles	firent
mettre	je	mis	tu	mis	il/elle/on	mit
	nous	mîmes	vous	mîtes	ils/elles	mirent
prendre	je	pris	tu	pris	il/elle/on	prit
	nous	prîmes	vous	prîtes	ils/elles	prirent
voir	je	vis	tu	vis	il/elle/on	vit
	nous	vîmes	vous	vîtes	ils/elles	virent

3. Die unregelmäßigen Verben **tenir** und **venir**

tenir	je	tins	tu	tins	il/elle/on	tint
	nous	tînmes	vous	tîntes	ils/elles	tinrent
venir	je	vins	tu	vins	il/elle/on	vint
	nous	vînmes	vous	vîntes	ils/elles	vinrent

Die Bildung des Futur composé

Die nahe Zukunft, das Futur composé, wird aus einer Präsensform von **aller** und dem Infinitiv des jeweiligen Verbs gebildet:

je	vais	aller
tu	vas	chercher
il elle on	va	prendre
nous	allons	rester
vous	allez	boire
ils elles	vont	faire

Die Bildung der Formen des Futur composé ist der Bildung des deutschen Futurs sehr ähnlich.

Die Bildung des Futurs I

Das Futur I oder Futur simple wird im Französischen in einem Wort ausgedrückt, während man für die deutsche Zukunft zwei Wörter benötigt, wie das Beispiel zeigt:

Je voyagerai.   *Ich werde reisen.*

Die regelmäßigen Formen

regarder		attendre		écrire	
je	regarderai	j'	attendrai	j'	écrirai
tu	regarderas	tu	attendras	tu	écriras
il elle on	regardera	il elle on	attendra	il elle on	écrira
nous	regarderons	nous	attendrons	nous	écrirons
vous	regarderez	vous	attendrez	vous	écrirez
ils elles	regarderont	ils elles	attendront	ils elles	écriront

Die Futurendungen lauten:

-rai, -ras, -ra, -rons, -rez, -ront

 Kennen Sie schon die Präsensformen von **avoir**? Dann werden Ihnen die Futurendungen sehr bekannt vorkommen. Sie entsprechen den Präsensformen von **avoir** mit einem **-r** davor, außer bei **nous** und **vous**.

Le verbe – *Das Verb*

1. Bei den Verben auf **-er** wird das Futur simple gebildet, indem man an die 1. Person Singular Präsens die Futurendungen anhängt:

Infinitiv	1. Person Singular Präsens	Futur simple
parl**er**	je **parle**	je **parlerai**
jet**er** ⟶	je **jette**	tu **jetteras**
achet**er**	j'**achète** ⟶	il **achètera**

Eine Ausnahme bilden die Verben auf **-é...rer**.
Bei dieser Gruppe wird das Futur simple gebildet, indem man den Infinitiv ohne **-r** nimmt und die Futurendungen anhängt, z.B.:
espérer → **tu espéreras**.

2. Bei den Verben auf **-re** wird das Futur simple gebildet, indem man die Futurendungen direkt an den Infinitivstamm anhängt:

Infinitivstamm	Infinitivendung	Futur simple
prend	re	je **prendrai**
li	re ⟶	tu **liras**
boi	re	il **boira**

3. Bei den Verben auf **-ir** wird das Futur simple gebildet, indem man das End-**r** des Infinitivs entfernt und die Futurendungen anhängt:

Infinitiv	Infinitiv ohne *-r*	Futur simple
chois**ir**	**choisi**	je **choisirai**
part**ir** ⟶	**parti** ⟶	tu **partiras**
fin**ir**	**fini**	il **finira**

Die unregelmäßigen Formen

Bei den unregelmäßigen Formen verändern sich die Stämme des Verbs. Die regelmäßigen Futurendungen bleiben erhalten:

avoir	j'	au**rai**	pleuvoir	il	pleuv**ra**
être	tu	se**ras**	pouvoir	je	pour**rai**
aller	il	i**ra**	recevoir	tu	recev**ras**
courir	elle	cour**ra**	savoir	il	sau**ra**
devoir	nous	dev**rons**	tenir	elle	tiend**ra**
envoyer	vous	enver**rez**	valoir	il	vaud**ra**
faire	ils	fe**ront**	venir	nous	viend**rons**
falloir	il	faud**ra**	voir	vous	ver**rez**
mourir	il	mour**ra**	vouloir	ils	voud**ront**

Die Bildung des Futurs I

Die Bildung des Futurs II

 Das Futur II ist eine zusammengesetzte Zeit, deren Bildung ähnlich erfolgt wie die des Passé composé oder des Plusquamperfekts.

Das Futur II setzt sich aus der Futurform von **avoir** oder **être** und dem Partizip Perfekt des jeweiligen Verbs zusammen:

parler			arriver		
j'	aurai	parlé	je	serai	arrivé/arrivée
tu	auras	parlé	tu	seras	arrivé/arrivée
il			il		arrivé
elle }	aura	parlé	elle }	sera	arrivée
on			on		arrivé(s)/arrivée(s)
nous	aurons	parlé	nous	serons	arrivés/arrivées
vous	aurez	parlé	vous	serez	arrivés/arrivées
ils }	auront	parlé	ils }	seront	arrivés
elles			elles		arrivées

Bei der Bildung des Futurs II mit **avoir** bleibt das Partizip Perfekt in der Regel unveränderlich.
Wird das Futur II mit **être** gebildet, so gleicht sich das Partizip Perfekt in Geschlecht und Zahl dem Subjekt an.
Bezieht sich das Partizip Perfekt auf ein Subjekt, das aus unterschiedlichem Genus besteht, so richtet es sich nach dem Männlichen.

Das Kapitel ▶ Die Bildung des Passé composé informiert über den Gebrauch von **avoir** und **être** und die Veränderlichkeit des Partizips Perfekt.

Die Bildung des Konditionals I

Die regelmäßigen Formen

regarder	attendre	écrire

Le verbe – *Das Verb*

je regarde**rais**	j' attend**rais**	j' écri**rais**
tu regarde**rais**	tu attend**rais**	tu écri**rais**
il ⎱	il ⎱	il ⎱
elle ⎬ regarde**rait**	elle ⎬ attend**rait**	elle ⎬ écri**rait**
on ⎰	on ⎰	on ⎰
nous regarde**rions**	nous attend**rions**	nous écri**rions**
vous regarde**riez**	vous attend**riez**	vous écri**riez**
ils ⎱ regarde**raient**	ils ⎱ attend**raient**	ils ⎱ écri**raient**
elles ⎰	elles ⎰	elles ⎰

Wenn Sie die Imparfaitendungen bereits beherrschen, bereitet Ihnen das Konditional keine Schwierigkeiten.
Nehmen Sie einfach die Imparfaitendungen und setzen Sie ein **-r** davor, dann haben Sie schon die Endungen des Konditionals.

Die Konditionalendungen lauten wie folgt:

-rais, -rais, -rait, -rions, -riez, -raient

1. Bei den Verben auf **-er** wird das Konditional gebildet, indem man an die 1. Person Singular Präsens die Konditionalendungen anhängt:

Infinitiv	1. Person Singular Präsens	Konditional I
parler	je **parle**	je **parle**rais
jeter ⟶	je **jette** ⟶	tu **jette**rais
acheter	j'**achète**	il **achète**rait

Eine Ausnahme bilden die Verben auf **-é…rer**.
Bei dieser Gruppe wird das Konditional gebildet, indem man den Infinitiv ohne **-r** nimmt und die Konditionalendungen anhängt, z.B.:

espérer ⟶ tu espérerais.

Die Bildung des Konditionals I

2. Bei den Verben auf **-re** wird das Konditional gebildet, indem man die Endungen direkt an den Infinitivstamm anhängt:

Infinitivstamm	Infinitivendung		Konditional I	
prend	re		je	prendrais
li	re	⟶	tu	lirais
boi	re		il	boirait

3. Bei den Verben auf **-ir** wird das Konditional gebildet, indem man das End-**r** des Infinitivs entfernt und die Endungen anhängt:

Infinitiv		Infinitiv ohne -r		Konditional I	
choisir		choisi		je	choisirais
partir	⟶	parti	⟶	tu	partirais
finir		fini		il	finirait

Die unregelmäßigen Formen

Bei den unregelmäßigen Formen verändern sich die Stämme des Verbs. Die regelmäßigen Endungen des Konditionals bleiben erhalten:

avoir	j'	aurais	pleuvoir	il	pleuvrait
être	tu	serais	pouvoir	je	pourrais
aller	il	irait	recevoir	tu	recevrais
courir	elle	courrait	savoir	il	saurait
devoir	nous	devrions	tenir	elle	tiendrait
envoyer	vous	enverriez	valoir	il	vaudrait
faire	ils	feraient	venir	nous	viendrions
falloir	il	faudrait	voir	vous	verriez
mourir	il	mourrait	vouloir	ils	voudraient

Die Bildung des Konditionals II

Das Konditional II ist eine zusammengesetzte Zeit, deren Bildung ähnlich erfolgt wie die des Passé composé oder des Plusquamperfekts.

Das Konditional II setzt sich aus der Konditionalform von **avoir** oder **être** und dem Partizip Perfekt des jeweiligen Verbs zusammen:

parler			arriver		
j'	aurais	parlé	je	serais	arrivé/arrivée
tu	aurais	parlé	tu	serais	arrivé/arrivée
il			il		arrivé
elle }	aurait	parlé	elle }	serait	arrivée
on			on		arrivé(s)/arrivée(s)
nous	aurions	parlé	nous	serions	arrivés/arrivées
vous	auriez	parlé	vous	seriez	arrivés/arrivées
ils }	auraient	parlé	ils }	seraient	arrivés
elles			elles		arrivées

Bei der Bildung des Konditionals II mit **avoir** bleibt das Partizip Perfekt in der Regel unveränderlich.
Wird das Konditional II jedoch mit **être** gebildet, so gleicht sich das Partizip Perfekt in Geschlecht und Zahl dem Subjekt des Satzes an. Bezieht sich das Partizip Perfekt auf ein Subjekt, das aus unterschiedlichem Genus besteht, so richtet es sich nach dem Männlichen.

Den Gebrauch von **avoir** und **être** und die Regeln zu deren Veränderlichkeit entnehmen Sie bitte dem Kapitel ▶ Die Bildung des Passé composé, da die Bildung des Konditionals II analog zur Bildung des Passé composé erfolgt.

Die Bildung des Partizips Perfekt

Die regelmäßige Bildung des Partizips Perfekt

Das Partizip Perfekt (Participe passé) der Verben

- auf **-er** wird gebildet, indem die Endung des Infinitivs, **-er**, durch **-é** ersetzt wird:

parler	→	parlé

- auf **-ir** wird gebildet, indem die Endung des Infinitivs, **-ir**, durch **-i** ersetzt wird:

dormir	→	dormi
choisir	→	choisi

- auf **-re** wird gebildet, indem die Endung des Infinitivs, **-re**, durch **-u** ersetzt wird:

attendre	→	attendu

Die wichtigsten unregelmäßigen Partizipien

avoir	eu	être	été	prendre	pris
boire	bu	faire	fait	recevoir	reçu
conduire	conduit	falloir	fallu	résoudre	résolu
connaître	connu	lire	lu	rire	ri
courir	couru	mettre	mis	savoir	su
craindre	craint	mourir	mort	suivre	suivi
croire	cru	naître	né	valoir	valu
devoir	dû	ouvrir	ouvert	vivre	vécu
dire	dit	plaire	plu	voir	vu
écrire	écrit	pleuvoir	plu	vouloir	voulu

Die Bildung des Partizips Präsens

Das Partizip Präsens (Participe présent) wird gebildet, indem man an die 1. Person Plural Präsens die Endung **-ant** anhängt:

Infinitiv	1. Person Plural Präsens		Partizip Präsens
parler	nous	**parl**ons	**parl**ant
dormir	nous	**dorm**ons	**dorm**ant
choisir	nous	**choisiss**ons	**choisiss**ant
attendre	nous	**attend**ons	**attend**ant

Es gibt nur ganz wenige unregelmäßige Formen:

avoir   ayant
être   étant
savoir sachant

Die Bildung des Gerundiums

Das Gerundium setzt sich aus der Präposition **en** und dem Partizip Präsens des jeweiligen Verbs zusammen. Das Gerundium ist unveränderlich:

Infinitiv	Gerundium	Infinitiv	Gerundium
être	en étant	attendre	en attendant
avoir	en ayant	dormir	en dormant
regarder	en regardant	finir	en finissant

Die Bildung des Imperativs

Infinitiv	Befehl/Aufforderung	Du-Form	Wir-Form	Sie-Form/Ihr-Form
parler		parle	parlons	parlez
descendre		descends	descendons	descendez
dormir		dors	dormons	dormez
choisir		choisis	choisissons	choisissez
faire		fais	faisons	faites

Der Befehl bzw. die Aufforderung an eine Person wird in der Du-Form erteilt. Die Du-Form entspricht der 1. Person Singular Präsens der Verben.

Die Wir-Form wird verwendet, wenn man einen Befehl an eine Gruppe erteilt, der man selbst angehört. Die Wir-Form entspricht der 1. Person Plural Präsens.

Der Befehl an eine Person, die man siezt, oder an mehrere Personen, die man duzt, wird in der Sie-Form bzw. Ihr-Form erteilt. Bei der Sie- bzw. Ihr-Form handelt es sich um ein und dieselbe Form, die der 2. Person Plural Präsens entspricht.

Die Regel gilt für regelmäßige und unregelmäßige Verben im Präsens.

> Der Imperativ verfügt nur über wenige unregelmäßige Formen, die wir hier für Sie zusammengestellt haben:

Infinitiv	Du-Form	Wir-Form	Sie-Form/Ihr-Form
avoir	aie	ayons	ayez
être	sois	soyons	soyez
savoir	sache	sachons	sachez

Die Bildung des Subjonctif

Die Subjonctif-Endungen

Die Endungen des Subjonctif sind regelmäßig. Sie gelten für sämtliche regelmäßige und unregelmäßige Verben:

Il veut que j'	attend e.	Er will, dass ich warte.
Il veut que tu	attend es.	Er will, dass du wartest.
Il veut qu'il		Er will, dass er wartet.
Il veut qu'elle	attend e.	Er will, dass sie wartet.
Il veut qu'on		Er will, dass man wartet.
Il veut que nous	attend ions.	Er will, dass wir warten.
Il veut que vous	attend iez.	Er will, dass ihr wartet / Sie warten.
Il veut qu'ils	attend ent.	Er will, dass sie (männlich) warten.
Il veut qu'elles		Er will, dass sie (weiblich) warten.

Die Endungen des Subjonctif lauten:

-e, -es, -e, -ions, -iez, -ent

Haben Sie schon bemerkt, dass die Subjonctif-Endungen Ihnen gar nicht so fremd sind?
Die Endungen der 1. und 2. Person Plural sind Ihnen vom Imparfait her vertraut und die restlichen Endungen entsprechen dem Präsens der Verben auf **-er**. Ist das nicht wundervoll?

Le verbe – *Das Verb*

Die Ableitung des Subjonctif

Die meisten regelmäßigen und unregelmäßigen Verben werden vom Stamm der 3. Person Plural Präsens abgeleitet:

Infinitiv	3. Person Plural Präsens			Subjonctif		
parler	ils	parl	ent	que je	parl	e
mettre	ils	mett	ent	que tu	mett	es
partir	ils	part	ent	qu'il	part	e
finir	ils	finiss	ent	qu'elle	finiss	e
dire	ils	dis	ent	qu'on	dis	e
connaître	ils	connaiss	ent	que nous	connaiss	ions
plaire	ils	plais	ent	que vous	plais	iez
vivre	ils	viv	ent	qu'ils	viv	ent
écrire	ils	écriv	ent	qu'elles	écriv	ent

Unregelmäßigkeiten im Subjonctif

1. Die Verben auf **-ayer, -oyer, -uyer, -é...rer** sowie stamm- und endungsbetonte Verben auf **-er**, die orthographische Besonderheiten im Präsens aufweisen, zeigen diese Besonderheiten auch bei der 1. und 2. Person Plural des Subjonctif:

	payer	nettoyer	essuyer
que je/j'	paie	nettoie	essuie
que tu	paies	nettoies	essuies
qu'il qu'elle qu'on	paie	nettoie	essuie
que nous	payions	nettoyions	essuyions
que vous	payiez	nettoyiez	essuyiez
qu'ils qu'elles	paient	nettoient	essuient

	acheter	jeter	préférer
que je/j'	achète	jette	préfère
que tu	achètes	jettes	préfères
qu'il qu'elle qu'on	achète	jette	préfère
que nous	achetions	jetions	préférions
que vous	achetiez	jetiez	préfériez
qu'ils qu'elles	achètent	jettent	préfèrent

Die Bildung des Subjonctif

2. Verben auf **-oir** und einige Verben auf **-re** und **-ir** haben in der 1. und 2. Person Plural einen anderen Stamm als in der 3. Person Plural. Diese Verben behalten auch ihre zwei Stämme im Subjonctif.

Sämtliche Subjonctif-Formen, außer die der 1. und 2. Person Plural, werden von der 3. Person Plural Präsens abgeleitet.
Die 1. und 2. Person Plural des Subjonctif richtet sich nach dem entsprechenden Präsensstamm.

Zu dieser Verbgruppe gehören:
acquérir *(erwerben)*, **venir** *(kommen)*, **tenir** *(halten)*, **mourir** *(sterben)*, **décevoir** *(enttäuschen)*, **devoir** *(müssen / schulden)*, **voir** *(sehen)*, **croire** *(glauben)*, **boire** *(trinken)*, **recevoir** *(empfangen / erhalten)*.

prendre				
Indikativ	ils/elles	prenn**ent**	nous vous	pren**ons** pren**ez**
Subjonctif	que je	prenn**e**	que nous	pren**ions**
	que tu	prenn**es**	que vous	pren**iez**
	qu'il qu'elle }	prenn**e**		
	qu'ils qu'elles }	prenn**ent**		

Unregelmäßige Subjonctif-Formen

Es gibt einige Verben, die unregelmäßige Subjonctif-Formen bilden, die wir für Sie aufgelistet haben:

avoir	que j'	aie	que nous	ayons
	que tu	aies	que vous	ayez
	qu'il qu'elle } qu'on	ait	qu'ils qu'elles }	aient
être	que je	sois	que nous	soyons
	que tu	sois	que vous	soyez
	qu'il qu'elle } qu'on	soit	qu'ils qu'elles }	soient
aller	que j'	aille	que nous	allions
	que tu	ailles	que vous	alliez
	qu'il qu'elle } qu'on	aille	qu'ils qu'elles }	aillent

Le verbe – *Das Verb*

faire	que je	**fasse**	que nous	**fassions**
	que tu	**fasses**	que vous	**fassiez**
	qu'il qu'elle qu'on	**fasse**	qu'ils qu'elles	**fassent**
falloir	qu'il **faille**			
pleuvoir	qu'il **pleuve**			
pouvoir	que je	**puisse**	que nous	**puissions**
	que tu	**puisses**	que vous	**puissiez**
	qu'il qu'elle qu'on	**puisse**	qu'ils qu'elles	**puissent**
savoir	que je	**sache**	que nous	**sachions**
	que tu	**saches**	que vous	**sachiez**
	qu'il qu'elle qu'on	**sache**	qu'ils qu'elles	**sachent**
vouloir	que je	**veuille**	que nous	**voulions**
	que tu	**veuilles**	que vous	**vouliez**
	qu'il qu'elle qu'on	**veuille**	qu'ils qu'elles	**veuillent**

Die Bildung des Subjonctif passé

Der Subjonctif passé wird aus den jeweiligen Subjonctif-Formen von **avoir** oder **être** und dem Partizip Perfekt des jeweiligen Verbs gebildet.

		travailler		sortir	
Il faut	que j'/je	**aie**	**travaillé.**	**sois**	**sorti/sortie.**
	que tu	**aies**	**travaillé.**	**sois**	**sorti/sortie.**
	qu'il qu'elle qu'on	**ait**	**travaillé.**	**soit**	**sorti.** **sortie.** **sorti(s)/sortie(s).**
	que nous	**ayons**	**travaillé.**	**soyons**	**sortis/sorties.**
	que vous	**ayez**	**travaillé.**	**soyez**	**sortis/sorties.**
	qu'ils/qu'elles	**aient**	**travaillé.**	**soient**	**sortis/sorties.**

Den Gebrauch von **avoir** und **être** und die Regeln zu deren Veränderlichkeit entnehmen Sie bitte dem Kapitel ▶ Die Bildung des Passé composé, da die Bildung des Subjonctif passé analog zur Bildung des Passé composé erfolgt.

Die Bildung des Passivs

Die Passivformen im Präsens

Das Passiv im Präsens wird gebildet aus den Formen von **être** im Präsens und dem Partizip Perfekt des jeweiligen Verbs. Das Partizip Perfekt richtet sich dabei in Zahl und Geschlecht nach dem Subjekt des Satzes:

L'excursion a été annulée.   *Der Ausflug ist abgesagt worden.*

je	suis	interrogé/interrogée
tu	es	interrogé/interrogée
il	est	interrogé
elle	est	interrogée
on	est	interrogé(s)/interrogée(s)
nous	sommes	interrogés/intérrogées
vous	êtes	interrogés/interrogées
ils	sont	interrogés
elles	sont	interrogées

Das Passiv in anderen Zeiten und Modi

Das Passiv kann in verschiedene Zeiten und Modi gesetzt werden:

Il	a été	interrogé.	Passé composé
Il	était	interrogé.	Imparfait
Il	fut	interrogé.	Passé simple
Il	sera	interrogé.	Futur I
Il	serait	interrogé.	Konditional I
Il faut qu'il	soit	interrogé.	Subjonctif

Das Passiv wird in verschiedenen Zeiten und Modi gebildet, indem man **être** in die entsprechende Zeit bzw. den jeweiligen Modus setzt und das Partizip Perfekt des jeweiligen Verbs hinzufügt.

Die Nennung des Urhebers im Passiv

Der Urheber der Handlung wird einfach mit der Präposition **par** angeschlossen:

Il sera interrogé par la police.   *Er wird von der Polizei verhört werden.*

Le verbe – *Das Verb*

Leicht gemerkt!

Hier noch einmal die wichtigsten Zeitformen des Französischen im Überblick:

Zeitform	Beispiel	Übersetzung
Präsens	je joue	*ich spiele*
Imparfait	tu jouais	*du spieltest*
Passé composé	il a joué	*er hat gespielt*
Plusquamperfekt	nous avions joué	*wir hatten gespielt*
Passé simple	vous jouâtes	*ihr spieltet*
Futur composé	ils vont jouer	*sie werden spielen*
Futur I	je jouerai	*ich werde spielen*
Futur II	tu auras joué	*du wirst gespielt haben*
Konditional I	elle jouerait	*sie würde spielen*
Konditional II	nous aurions joué	*wir hätten gespielt*
Subjonctif	que vous jouiez	*dass ihr spielt*
Subjonctif passé	qu'elles aient joué	*dass sie gespielt haben*

Sie können die Bildung der Verben im Französischen prima mit einem Würfel üben! Überlegen Sie sich zunächst, welches Verb Sie in welcher Zeitform üben wollen, z.B. das Verb **aller** *(gehen)* im **Futur I**. Anschließend würfeln Sie und bilden dann die Person des Verbs entsprechend der Zahl, die Sie gewürfelt haben (**1: je, 2: tu, 3: il, elle, on, 4: nous, 5: vous, 6: ils, elles**). Wenn Sie also zum Beispiel eine 4 würfeln, dann sagen Sie: **nous irons**. Spielen Sie das Würfelspiel mit verschiedenen Verben in unterschiedlichen Zeitformen durch. Mit anderen Lernern gemeinsam zu würfeln macht sicherlich noch mehr Spaß!

8 | L'emploi des temps et des modes – *Der Gebrauch der Zeiten und Modi*

Die wichtigsten Zeiten in der Übersicht

Vergangenheit		Gegenwart	Zukunft	
Plusquamperfekt	Passé composé	Präsens	Futur II	Futur composé
	Passé simple			Futur I
	Imparfait			

Der Gebrauch des Präsens

Man benutzt das Präsens, um

- Vorgänge oder Zustände in der Gegenwart auszudrücken:

  Il fait les courses. *Er kauft ein.*
  Il a beaucoup d'argent. *Er hat viel Geld.*

- Wiederholungen und Gewohnheiten zu bezeichnen:

  Tous les jours, je me lève à *Ich stehe jeden Tag um 6 Uhr*
  6 heures. *auf.*
  Il ne prend jamais de petit- *Er frühstückt nie.*
  déjeuner.

- allgemeingültige Dinge zu beschreiben:

  Paris est la capitale de la France. *Paris ist die Hauptstadt Frankreichs.*

Der Gebrauch des Imparfait

Das Imparfait wird benutzt, um

- Beschreibungen in der Vergangenheit zu geben:

  Il pleuvait toute la journée. *Es hat den ganzen Tag geregnet.*

- Zustände in der Vergangenheit zu beschreiben:

  Autrefois, on n'avait pas de *Früher gab es keine Autos.*
  voitures.

L'emploi des temps et des modes – Der Gebrauch der Zeiten und Modi

- gewohnheitsmäßige Handlungen in der Vergangenheit auszudrücken:

Quand j'étais petite, je jouais dans le jardin.
Als ich klein war, spielte ich im Garten.

Wenn Sie die Begleitumstände, Hintergrundinformationen, Kommentare oder Erklärungen eines Geschehens zum Ausdruck bringen möchten, so benötigen Sie das Imparfait.

Leicht gemerkt!

Vielleicht kann der folgende Satz Ihnen dabei helfen, einen möglichen Gebrauch des Imparfait schneller zu lernen:
Das Imparfait, das merk ich mir, beschreibt die Kulisse hinter mir!

Der Gebrauch des Passé composé

Das Passé composé wird benutzt für

- einmalige Handlungen und Ereignisse in der Vergangenheit:

Hier, je suis allé au cinéma.
Gestern bin ich ins Kino gegangen.
Je suis née le 10 mars 1962.
Ich bin am 10. März 1962 geboren.

- aufeinander folgende Handlungen, so genannte Handlungsketten, in der Vergangenheit:

La semaine dernière, Pierre est allé à Strasbourg. Il a fait des courses. Vers 20 heures, il est rentré.
Letzte Woche ist Pierre nach Strassburg gefahren. Er war einkaufen. Gegen 20 Uhr ist er nach Hause gekommen.

Wenn Sie die eigentliche Handlung bzw. die Ereignisse ausdrücken möchten, die im Vordergrund stehen, so benutzen Sie einfach das Passé composé.

Der Gebrauch des Plusquamperfekts

Der Gebrauch des Plusquamperfekts ist für Deutsche kinderleicht, da das Plusquamperfekt wie im Deutschen gebraucht wird.

Der Gebrauch des Passé composé und des Plusquamperfekts

Das Plusquamperfekt wird benutzt, um ein Ereignis oder einen Zustand zu bezeichnen, der vor einem anderen Geschehen oder Zustand in der Vergangenheit bereits abgeschlossen war:

Il voulait rendre visite à Christine, mais elle était déjà partie.
Er wollte Christine besuchen, aber sie war schon weggegangen.

Die folgende Grafik veranschaulicht die Regel:

Vorvergangenheit	Vergangenheit	Gegenwart
-----------Plusquamperfekt-----	Imparfait----------------- Passé composé Passé simple	Präsens-----------→

Der Gebrauch des Passé simple

 Im Deutschen existiert das Passé simple nicht, deswegen ist der Gebrauch dieser Zeit für Deutsche schwierig. Aber das ist halb so schlimm, da das Passé simple im modernen Französisch der Gegenwart immer seltener benutzt wird.

Das Passé simple wird fast nur in der geschriebenen Sprache gebraucht. Es kommt hauptsächlich vor

– in literarischen Texten, z.B. Romanen, Märchen, Erzählungen;
– in historischen Texten, z.B. Geschichtsbüchern, Biographien;
– in Zeitungsartikeln.

Das Passé simple hat eine ähnliche Funktion wie das Passé composé. Es wird verwendet für

- einmalige Handlungen und Ereignisse in der Vergangenheit:

   Napoléon naquit en 1769. *Napoleon wurde 1769 geboren.*
   Il devint empereur en 1804. *Er wurde 1804 Kaiser.*

- aufeinander folgende Handlungen, so genannte Handlungsketten, in der Vergangenheit:

   Elle alla au bar. Là, elle but un café crème. *Sie ging in die Bar. Dort trank sie einen Milchkaffee.*

 Da das Passé simple in der gesprochenen Sprache fast nicht mehr verwendet wird, reicht es, wenn Sie seine Formen wiedererkennen und passiv verstehen können. Oft genügt es auch, wenn Sie nur die 3. Person Singular und Plural erkennen, da es die am häufigsten verwendete Form im Passé simple ist.

Leicht gemerkt!

Wenn Sie aber dennoch den Gebrauch und die Formen des Passé simple besser kennenlernen möchten, dann versuchen Sie einmal eine Geschichte, eine Erzählung oder einen Roman auf Französisch zu lesen. In literarischen Texten wird das Passé simple sehr häufig gebraucht!

Der Gebrauch des Futur composé

Das Futur composé wird verwendet, um Handlungen in der Zukunft bzw. nahen Zukunft zum Ausdruck zu bringen:

Qu'est-ce que tu vas faire maintenant ?	*Was wirst du jetzt machen?*
- Je vais me coucher.	*- Ich werde mich hinlegen.*

Wenn Sie sich in Frankreich über zukünftige Ereignisse oder Geschehnisse unterhalten wollen, so ist das Futur composé eigentlich unumgänglich.

Der Gebrauch des Futurs I

Das Futur I oder Futur simple steht

- um künftige Ereignisse auszudrücken:

Demain, je lirai un livre.	*Morgen werde ich ein Buch lesen.*
J'espère que tu viendras demain.	*Ich hoffe, dass du morgen kommen wirst.*

- im Hauptsatz eines realen Bedingungssatzes:

Si tu réussis au bac, tu feras des études.	*Wenn du dein Abi bestehst, wirst du studieren.*

In der Regel wird in der geschriebenen Sprache das Futur simple verwendet. In der gesprochenen Sprache begegnet man dagegen dem Futur simple und dem Futur composé.

Der Gebrauch des Futurs II

Das Futur II wird verwendet, um eine Handlung in der Zukunft auszudrücken, die bereits vor einem anderen zukünftigen Ereignis abgeschlossen ist:

Demain, je me reposerai quand j'aurai terminé mon travail. *Morgen werde ich mich ausruhen, wenn ich meine Arbeit erledigt haben werde.*

Der Gebrauch des Konditionals I

Das Konditional I steht

- bei Ratschlägen:

    À ta place, j'achèterais une voiture. *An deiner Stelle würde ich mir ein Auto kaufen.*

- bei Wünschen:

    Il aimerait avoir un chien. *Er hätte gerne einen Hund.*

- bei Bitten:

    Pourriez-vous m'aider ? *Könnten Sie mir helfen?*

- bei Möglichkeiten:

    On pourrait faire une excursion. *Wir könnten einen Ausflug machen.*

- bei Vermutungen:

    Gavarnie serait à 100 kilomètres d'ici. *Gavarnie ist wohl 100 km von hier entfernt.*

- im Hauptsatz eines irrealen Bedingungssatzes:

    Si j'étais riche, je ne travaillerais plus. *Wenn ich reich wäre, würde ich nicht mehr arbeiten.*

Im Deutschen steht im Gegensatz zum Französischen bei irrealen Bedingungssätzen sowohl im Hauptsatz als auch im Nebensatz das Konditional.

Der Gebrauch des Konditionals II

Das Konditional II steht im Hauptsatz eines irrealen Bedingungssatzes in der Vergangenheit:

Si j'avais été riche, j'aurais fait le tour du monde.
Wenn ich reich gewesen wäre, hätte ich eine Weltreise gemacht.

Der Gebrauch des Partizips Präsens

Das Partizip Präsens wird hauptsächlich in der Schriftsprache verwendet. Es wird anstelle eines

– Relativsatzes mit **qui** verwendet:

Elle regarde un film racontant la vie d'un étudiant.	Partizip Präsens
Elle regarde un film qui raconte la vie d'un étudiant.	Relativsatz
Sie sieht einen Film, der das Leben eines Studenten erzählt.	

– Kausalsatzes benutzt:

Partant tôt, nous sommes arrivés à l'heure.	Partizip Präsens
Comme nous sommes partis tôt, nous sommes arrivés à l'heure.	Kausalsatz
Da wir früh losgefahren sind, sind wir rechtzeitig angekommen.	

Der Gebrauch des Gerundiums

 Im Deutschen existiert das Gerundium nicht, es stellt deshalb für deutsche Lerner oft eine kleine Herausforderung dar.

Das Gerundium wird sowohl in der gesprochenen als auch in der geschriebenen Sprache verwendet, um Sätze zu verkürzen.
Es kann einem zweiten Hauptsatz oder einem Nebensatz entsprechen.

Denken Sie daran, dass ein Gerundium einen Nebensatz nur dann ersetzen kann, wenn der Neben- und der Hauptsatz dasselbe Subjekt haben.

Das Gerundium kann anstelle eines Temporalsatzes die Gleichzeitigkeit zweier Ereignisse oder Geschehnisse zum Ausdruck bringen:

En travaillant, il pense à son congé.	Gerundium
Pendant qu'il travaille, il pense à son congé.	Temporalsatz
Während er arbeitet, denkt er an seinen Urlaub.	

Das Gerundium kann für einen Bedingungssatz stehen:

En regardant la télé, il ne pourra pas lire le livre.	Gerundium
S'il regarde la télé, il ne pourra pas lire le livre.	Bedingungssatz
Wenn er fernsieht, kann er das Buch nicht lesen.	

En regardant la télé, il ne pourrait pas lire le livre.	Gerundium
S'il regardait la télé, il ne pourrait pas lire le livre.	Bedingungssatz
Wenn er fernsehen würde, könnte er das Buch nicht lesen.	

Das Gerundium kann für einen Modalsatz stehen, der die Art und Weise ausdrückt:

Il n'a pas gagné beaucoup d'argent en travaillant comme clown.
Er hat nicht viel Geld verdient, indem er als Clown gearbeitet hat.

98 Der Gebrauch des Gerundiums

Der Gebrauch des Subjonctif

 Der französische Subjonctif darf nicht mit dem deutschen Konjunktiv in Bezug auf seinen Gebrauch gleichgesetzt werden.

Nach bestimmten Verben und Wendungen mit **que**, die eine gewisse Einstellung des Sprechers ausdrücken, folgt automatisch der Subjonctif.

1. Der Subjonctif steht nach Verben des Wünschens, Verlangens, Wollens und Verbietens in einem Nebensatz, der durch **que** eingeleitet wird, z.B.:

   Je veux que tu ailles à l'école.
   Ich will, dass du in die Schule gehst.

Verben, die zu dieser Gruppe gehören, sind u.a.:

aimer mieux que	*lieber mögen*	**interdire que**	*verbieten*
aimer que	*mögen*	**ordonner que**	*befehlen*
attendre que	*(er)warten*	**permettre que**	*erlauben, gestatten*
avoir envie que	*gern wollen, Lust haben*	**préférer que**	*vorziehen*
		souhaiter que	*wünschen*
demander que	*verlangen*	**vouloir que**	*wollen*
désirer que	*wünschen*		
exiger que	*fordern*		

2. Der Subjonctif steht nach Verben des Vorschlagens, Zustimmens, Ablehnens und Verhinderns in einem Nebensatz, der durch **que** eingeleitet wird, z.B.:

   Il propose qu'ils fassent une excursion.
   Er schlägt vor, dass sie einen Ausflug machen.

Verben, die zu dieser Gruppe gehören, sind u.a.:

accepter que	*akzeptieren*	**refuser que**	*ablehnen*
approuver que	*billigen*	**souffrir que**	*ertragen*
désapprouver que	*missbilligen*	**supporter que**	*ertragen*
empêcher que	*verhindern*	**tolérer que**	*ertragen, dulden*
éviter que	*vermeiden*	**vouloir bien que**	*einverstanden sein*
proposer que	*vorschlagen*		
recommander que	*empfehlen*		

3. Der Subjonctif steht nach Verben und Ausdrücken des subjektiven Empfindens und der wertenden Stellungnahme in einem Nebensatz, der durch **que** angeschlossen wird.

> Der **que**-Satz ist in diesem Fall nur möglich, wenn der einleitende Satz und der **que**-Satz verschiedene Subjekte haben:

Je regrette que mon chef ne puisse pas venir.
Ich bedauere, dass mein Chef nicht kommen kann.

Verben, die zu dieser Gruppe gehören, sind u.a.:

admirer que	*bewundern*	**craindre que**	*fürchten*
adorer que	*furchtbar gerne mögen*	**critiquer que**	*kritisieren*
		déplorer que	*bedauern, beklagen*
aimer que	*(es) gern haben*		
apprécier que	*(es) zu schätzen wissen*	**détester que**	*verabscheuen*
		regretter que	*bedauern*
avoir honte que	*sich schämen*	**s'étonner que**	*sich wundern, staunen*
avoir peur que	*Angst haben*		
(ne pas) comprendre que	*(nicht) verstehen können*	**s'indigner que**	*sich entrüsten*
		se réjouir que	*sich freuen*

> Aber aufgepasst! Nach **espérer que** *(hoffen)* steht der Indikativ und nach **se plaindre que** *(sich beklagen)* kann der Subjonctif oder der Indikativ stehen.

4. Auch nach Ausdrücken mit **être** oder **trouver** + Adjektiv, die das subjektive Empfinden oder die wertende Stellungnahme zum Ausdruck bringen, steht der Subjonctif in einem Nebensatz, der durch **que** eingeleitet wird, z.B.:

Il est important que vous fassiez vos devoirs.
Es ist wichtig, dass ihr eure Hausaufgaben macht.

Ausdrücke, die zu dieser Gruppe gehören, sind u.a.:

être content que	*zufrieden sein*	**trouver bizarre que**	*komisch finden*
être déçu que	*enttäuscht sein*	**trouver bon que**	*gut finden*
être désolé que	*untröstlich sein*	**trouver curieux que**	*seltsam finden*
être étonné que	*verwundert sein*	**trouver important que**	*wichtig finden*
être heureux que	*glücklich sein*	**trouver mauvais que**	*schlecht finden*
être satisfait que	*zufrieden sein*		
être surpris que	*überrascht sein*		
être triste que	*traurig sein*		

L'emploi des temps et des modes – Der Gebrauch der Zeiten und Modi

5. Der Subjonctif steht nach unpersönlichen Verben und unpersönlichen Ausdrücken, z.B.:

Il est bon que tu **viennes.**   *Es ist gut, dass du kommst.*

Dazu gehören u.a.:

il est bizarre que	*es ist seltsam*
il est bon que	*es ist gut*
il est important que	*es ist wichtig*
il est mauvais que	*es ist schlecht*
il est nécessaire que	*es ist notwendig*
il est normal que	*es ist normal*
il est temps que	*es ist Zeit*
il est utile que	*es ist nützlich*

cela m'amuse que	*es amüsiert mich*
cela me gêne que	*es stört mich*
cela m'inquiète que	*es beunruhigt mich*
cela me plaît que	*es gefällt mir*
cela me surprend que	*es überrascht mich*

il convient que	*es ist angebracht*
il faut que	*es ist nötig/man muss*
il importe que	*es ist wichtig*
il suffit que	*es genügt*
il vaut mieux que	*es ist besser*

6. Der Subjonctif steht in der Regel nach Ausdrücken und Verben des Meinens und Denkens, die verneint sind und im Nebensatz mit **que** angeschlossen sind:

Je ne crois pas qu'**ils** sachent   *Ich glaube nicht, dass sie segeln*
faire de la voile.   *können.*

Zu dieser Gruppe gehören u.a.:

ne pas croire que	*nicht glauben*
ne pas espérer que	*nicht hoffen*
ne pas estimer que	*nicht meinen*
ne pas s'imaginer que	*sich nicht vorstellen*
ne pas penser que	*nicht denken*
ne pas se rappeler que	*sich nicht erinnern*
ne pas trouver que	*nicht finden*

7. Der Subjonctif steht in der Regel nach Ausdrücken und Verben des Bezweifelns, die im Nebensatz mit **que** angeschlossen sind:

Personne ne doute que le chômage soit un grand problème.
Niemand bezweifelt, dass die Arbeitslosigkeit ein großes Problem ist.

Zu dieser Gruppe gehören u.a.:

douter que	bezweifeln
contester que	bestreiten
nier que	verneinen

8. Der Subjonctif steht nach Ausdrücken und Verben des Sagens und Erklärens, die verneint sind und im Nebensatz mit **que** angeschlossen sind:

Il ne dit pas qu'elle sache nager.
Er sagt nicht, dass sie schwimmen kann.

Zu dieser Gruppe gehören u.a.:

affirmer que	behaupten, versichern	**dire que**	sagen, behaupten
assurer que	versichern	**jurer que**	schwören
avouer que	gestehen	**prétendre que**	vorgeben
constater que	feststellen	**soutenir que**	behaupten
déclarer que	erklären		

 Wenn Sie **promettre que** *(versprechen)* benutzen, ist alles ganz einfach! Verwenden Sie immer den Indikativ, denn der ist einfach und immer richtig.

9. Der Subjonctif steht in einem Relativsatz, wenn etwas als wünschenswert oder hypothetisch erachtet wird. Handelt es sich hingegen um eine Tatsache, so steht der Indikativ:

	Il cherche une maison qui soit bon marché. *Er sucht ein Haus, das günstig ist.*	**Wunsch**
Aber:	**Il a une maison qui est bon marché.** *Er hat ein Haus, das günstig ist.*	**Tatsache**

10. Der Subjonctif steht nach einigen Konjunktionen, z.B.:

Marc a acheté du pain sans que sa mère le sache.
Marc hat Brot gekauft, ohne dass seine Mutter davon wusste.
Marc aide sa mère pour qu'elle soit heureuse.
Marc hilft seiner Mutter, damit sie glücklich ist.

Zu den Konjunktionen, die den Subjonctif auslösen, gehören u.a.:

à condition que	*unter der Bedingung, dass*
afin que	*damit*
avant que ... (ne)	*bevor*
bien que	*obwohl, obgleich*
de peur que ... (ne)	*damit nicht*
de crainte que ... (ne)	*damit nicht*
jusqu'à ce que	*solange bis*
malgré que	*obwohl, obgleich*
pour que	*damit*
pourvu que	*vorausgesetzt, dass*
quoique	*obwohl, obgleich*
sans que	*ohne dass*
supposé que	*angenommen, dass*

Leicht gemerkt!

Sie müssen nicht alle Verben und Ausdrücke auswendig lernen, nach denen im Französischen der Subjonctif folgt. Merken Sie sich jedoch die folgenden Grundregeln:

Der Subjonctif folgt nach

- Verben und Ausdrücken der **Willensäußerung**
- Verben und Ausdrücken des **subjektiven Empfindens** und der **wertenden Stellungnahme**
- **unpersönlichen** Verben und Ausdrücken
- **verneinten** Verben und Ausdrücken des **Meinens** und **Denkens**
- Verben und Ausdrücken des **Zweifelns**
- **bestimmten Konjunktionen**

Am Anfang ist es sicherlich nicht ganz einfach, den Subjonctif immer richtig zu gebrauchen. Verzweifeln Sie jedoch nicht gleich: Wenn Sie sich eine Weile mit dem Subjonctif beschäftigen, dann bekommen Sie bald ein Gespür für den richtigen Gebrauch!

9 | Les types de phrases – *Satzarten*

Der Aussagesatz

Der Aussagesatz hat folgende Struktur:

Adverbiale Bestimmung *Zeit / Ort*	Subjekt	Prädikat	direktes Objekt	indirektes Objekt	Adverbiale Bestimmung *Zeit / Ort*
	J'	achète	un livre.		
	Je	donne	un livre	à Jean.	
Hier,	j'	ai donné	un livre	à Jean.	
Hier, à l'école,	j'	ai donné	un livre	à Jean.	
	Il	habite			en France.

Der Fragesatz

Die Intonationsfrage

Die Intonationsfrage wird im gesprochenen Französisch als Gesamtfrage häufig benutzt und ist ganz einfach.

Die Intonationsfrage behält die Stellung der Satzglieder des Aussagesatzes bei, wird aber wie im Deutschen mit steigender Intonation gesprochen, z.B.:

Luc va au bureau ?   *Geht Luc ins Büro?*

Die Frage mit *est-ce que* als Entscheidungsfrage

Die Entscheidungsfrage, auch Gesamtfrage genannt, bezieht sich auf den ganzen Satz und enthält kein Fragepronomen. Auf eine Entscheidungsfrage kann man mit *ja* oder *nein* antworten.

Les types de phrases – *Satzarten*

 Die Frage mit **est-ce que** existiert im Deutschen nicht. Man kann **est-ce que** in der deutschen Übersetzung daher auch nicht wiedergeben.

Die Frage mit **est-ce que** ist ganz einfach. Sie wird gebildet, indem man **est-ce que** vor den Aussagesatz setzt.
Die Stellung der einzelnen Satzglieder im Aussagesatz bleibt dabei unverändert. Vor Vokal und stummem **h** wird **est-ce que** zu **est-ce qu'**.

Est-ce que	Aussagesatz	
Est-ce que	tu vas au bureau ?	*Gehst du ins Büro?*
Est-ce qu'	on va au cinéma ce soir ?	*Gehen wir heute Abend ins Kino?*

Die Frage mit Fragepronomen

Eine Frage mit Fragepronomen nennt man auch eine Ergänzungsfrage.

Die Fragepronomen

Im Französischen findet man u.a. folgende Fragepronomen:

à quelle heure	*um wie viel Uhr*
à qui	*wen, wem*
à quoi	*woran, wofür*
combien	*wie viel*
combien de temps	*wie lange*
comment	*wie*
d'où	*woher*
de qui	*von wem*
de quoi	*wovon*
depuis quand	*seit wann*
où	*wo, wohin*
pourquoi	*warum*
quand	*wann*
que	*was*
quel(s), quelle(s)	*welcher, welche, welches*
qui	*wer*

Die Frage mit est-ce que + Fragepronomen

 Legen Sie Ihr besonderes Augenmerk auf die Frage mit **est-ce que**, da sie immer gebräuchlich und richtig ist.

Der Fragesatz

Werden Fragen mit Fragepronomen und **est-ce que** gebildet, dann herrscht das folgende Schema vor:

Fragewort	est-ce que	Subjekt	Prädikat	Objekte	Adverbiale Bestimmungen
Quand	est-ce que	tu	ranges	ta chambre ?	
Wann räumst du dein Zimmer auf?					
Où	est-ce que	tu	as trouvé	ton sac ?	
Wo hast du deine Tasche gefunden?					
Pourquoi	est-ce que	vous	étudiez	le français ?	
Warum lernt ihr Französisch?					
Qu'	est-ce qu'	il	fait		demain ?
Was macht er morgen?					

! Aufgepasst! Vor Vokal und stummem **h** wird **que** zu **qu'**, deshalb wird **est-ce que** zu **est-ce qu'**.

Bei Ergänzungsfragen mit **est-ce que** steht zunächst das Fragepronomen und direkt danach folgt **est-ce que/est-ce qu'**. Im Anschluss daran folgen die restlichen Satzglieder.

Bei den Fragen mit Fragepronomen entspricht die Wortstellung in der französischen Sprache nicht der deutschen Sprache, da im Deutschen

1. die Entsprechung für **est-ce que** fehlt,
2. das Subjekt hinter dem Verb steht.

Zum Beispiel:

Quand est-ce que tu as rendez-vous ?
Wann bist du verabredet?

Die Frage mit nachgestelltem Fragepronomen

Im Gegensatz zum Deutschen kann das Fragepronomen in der französischen Umgangssprache auch nachgestellt werden, z.B.:

Tu habites où ?   *Wo wohnst du?*

Les types de phrases – *Satzarten*

Die Bildung der Frage mit nachgestelltem Fragepronomen ist ein Kinderspiel, da man an den Aussagesatz einfach das entsprechende Fragepronomen anhängt. Die Stellung der Satzglieder im Aussagesatz bleibt dabei erhalten.

Aussagesatz	Fragepronomen	
Tu t'appelles	comment ?	*Wie heißt du?*
Tu pars	quand ?	*Wann fährst du?*
Tu arrives	d'où ?	*Woher kommst du?*

Das Fragepronomen **que** wird bei Nachstellung zu **quoi**:

À qu'est-ce que tu penses ?
Tu penses à quoi ?   *Woran denkst du?*

Die Frage mit *qui*

Mit **qui** fragt man nach Personen.

Die Frage nach dem Subjekt

Wenn Sie nach einer Person fragen möchten, die Subjekt des Satzes ist, dann können Sie **qui est-ce qui** verwenden:

Qui est-ce qui habite à Paris ?   *Wer wohnt in Paris?*

Sie können sich aber auch das Leben erleichtern und die Frage nur mit **qui** bilden:

Qui habite à Paris ?   *Wer wohnt in Paris?*

Die Frage nach dem Objekt

Wenn Sie nach einer Person fragen möchten, die Objekt des Satzes ist, verwenden Sie **qui est-ce que**.

Merken Sie sich einfach: Wird **qui** mit einer Präposition verbunden, dann müssen Sie **est-ce que** (oder Inversion) verwenden, z.B.:

À qui est-ce que tu donnes le livre ?
Wem gibst du das Buch?

Der Fragesatz

Die Frage

- nach dem direkten Objekt erfolgt mit **qui est-ce que**:

  Qui est-ce que vous cherchez ?   *Wen suchen Sie?*

- nach dem indirekten Objekt erfolgt mit **à qui est-ce que**:

  À qui est-ce que tu penses ?   *An wen denkst du?*

Die Frage mit *que*

Mit **que** fragt man nach Sachen.

Die Frage nach dem Subjekt

Wenn Sie nach einer Sache fragen möchten, die Subjekt des Satzes ist, verwenden Sie **qu'est-ce qui**:

Qu'est-ce qui s'est passé ?   *Was ist passiert?*

Die Frage nach dem Objekt

Wenn Sie nach dem direkten Objekt fragen, dann verwenden Sie **qu'est-ce que**:

Qu'est-ce que tu cherches ?   *Was suchst du?*

Aber aufgepasst! Bei der Frage nach dem indirekten Objekt wird **à quoi** verwendet, z.B.:

À quoi est-ce qu'il pense ?   *Woran denkt er?*

Les types de phrases – *Satzarten*

Die Inversionsfrage

 Die Inversionsfrage ist dem Deutschen recht ähnlich. Sie wird allerdings im gesprochenen Französisch nicht sehr häufig verwendet. Man trifft sie hauptsächlich in schriftlich fixierten Texten an, z.B. in Briefen usw.

Die Inversionsfrage mit und ohne Fragewort wird wie folgt gebildet:

Fragewort	Verb + Subjektpronomen	Ergänzungen	
Quand	pars-tu	en vacances ?	*Wann fährst du in Urlaub?*
Comment	vas-tu	en vacances ?	*Wie fährst du in Urlaub?*
Comment	va-t-il ?		*Wie geht es ihm?*
Où	habite-t-elle ?		*Wo wohnt sie?*
	Veux-tu	prendre le train ?	*Möchtest du den Zug nehmen?*

Bei der Inversionsfrage steht das Subjektpronomen hinter dem Verb. Zwischen Verb und Subjekt wird ein Bindestrich eingefügt.
In der 3. Person Singular bei **il, elle** oder **on** tritt zwischen Verb und Subjektpronomen ein **-t-**, wenn die Verbform auf **-e** oder **-a** endet.
Die Fragewörter stehen bei Inversionsfragen vor dem Verb.

Wenn das Subjekt aus einem Substantiv besteht, wird die Sache komplizierter, denn ein Substantiv kann nicht hinter dem Verb stehen. Aus diesem Grund lautet die Frage wie folgt:

Jean **veut-il** aller à Paris ?   *Will Jean nach Paris fahren?*

Wenn man die Inversionsfrage bilden möchte und ein Substantiv Subjekt des Satzes ist, so bleibt der Aussagesatz erhalten und an das Verb wird das entsprechende Subjektpronomen mit Hilfe eines Bindestrichs angehängt:

Annie habite-t-elle à Paris ?
Wohnt Annie in Paris?
Monsieur Leroc connaît-il la France ?
Kennt Herr Leroc Frankreich?

Der Fragesatz

Einige kurze Fragen werden auch in der gesprochenen Sprache als Inversionsfragen gebildet, z.B.:

Quelle heure est-il ?	*Wie viel Uhr ist es?*
Comment allez-vous ?	*Wie geht es Ihnen?*

Leicht gemerkt!

Merken Sie sich die drei folgenden wichtigsten Frageformen im Französischen:

Die Intonationsfrage

Tu habites à Londres ?	*Wohnst du in London?*

Die Frage mit *est-ce que*

Est-ce que tu habites à Londres ?	*Wohnst du in London?*

Die Inversionsfrage

Où habites-tu ?	*Wo wohnst du?*

Der Relativsatz

Der Relativsatz mit *qui*

Das Relativpronomen **qui** leitet einen Relativsatz ein, bei dem **qui** gleichzeitig Subjekt des Relativsatzes ist.

Qui ist unveränderlich und kann sich im Singular und Plural

- auf Personen beziehen:

J'ai une amie qui m'aide toujours.	*Ich habe eine Freundin, die mir immer hilft.*

- auf Sachen beziehen:

J'ai reçu un livre qui me plaît beaucoup.	*Ich habe ein Buch bekommen, das mir sehr gefällt.*

Abweichend vom Deutschen wird im Französischen nicht zwischen *der*, *die* und *das* unterschieden.

Benutzen Sie immer **qui**, wenn ein Verb oder ein Objektpronomen mit Verb dem Relativpronomen folgt.

Les types de phrases – *Satzarten*

Der Relativsatz mit *que*

Das Relativpronomen **que** leitet einen Relativsatz ein, bei dem **que** gleichzeitig direktes Objekt des Relativsatzes ist.

Que, das sich vor Vokal und stummem **h** in **qu'** verwandelt, kann sich im Singular und Plural

- auf Personen beziehen:

    J'ai une amie que j'aime beaucoup.   *Ich habe eine Freundin, die ich sehr gerne mag.*

- auf Sachen beziehen:

    J'ai reçu un livre que j'aime beaucoup.   *Ich habe ein Buch bekommen, das ich gerne mag.*

 Auch hier wird abweichend vom Deutschen nicht zwischen *der*, *die* und *das* unterschieden.

 Machen Sie sich das Leben leicht und benutzen Sie **que**, wenn dem Relativpronomen ein Subjekt folgt.

Der Relativsatz mit *dont*

Das Relativpronomen **dont** vertritt Ergänzungen mit **de** in einem Relativsatz.

Dont bezieht sich im Singular und Plural

- auf Personen:

    Le père de Luc est chef d'entreprise.
    ▶ **Luc dont le père est chef d'entreprise est très sympathique.**
    Luc, dessen Vater ein Unternehmen leitet, ist sehr sympathisch.

    Marie est amoureuse de Paul.
    ▶ **C'est Paul dont Marie est amoureuse.**
    Es ist Paul, in den Marie verliebt ist.

- auf Sachen:

    Il a besoin d'une maison.
    ▶ **Il cherche la maison dont il a besoin.**
    Er sucht das Haus, das er braucht.

    J'ai parlé de cette ville.
    ▶ **C'est la ville dont j'ai beaucoup parlé.**
    Das ist die Stadt, von der ich viel gesprochen habe.

Der Relativsatz mit *lequel, laquelle, lesquels, lesquelles*

Die Formen von lequel

Je nachdem, ob **lequel** männlich, weiblich, im Singular oder im Plural steht, weist es unterschiedliche Formen auf:

	männlich	**weiblich**
Singular	lequel	laquelle
Plural	lesquels	lesquelles

Der Gebrauch von lequel im Relativsatz

Die Relativpronomen **lequel, laquelle, lesquels** und **lesquelles** vertreten in der Regel in einem Relativsatz Sachen oder Personen, die nach

– Präpositionen stehen:

> **C'était un hiver pendant lequel il neigeait.**
> *Es war ein Winter, während dem es schneite.*
> **C'était la raison pour laquelle il y avait beaucoup d'accidents.**
> *Das war der Grund, weswegen es viele Unfälle gab.*
> **Nous avons vu des blessés parmi lesquels se trouvait mon père.**
> *Wir sahen Verletzte, unter denen sich mein Vater befand.*
> **Les personnes pour lesquelles je travaille sont gentilles.**
> *Die Personen, für die ich arbeite, sind nett.*

– präpositionalen Ausdrücken stehen:

> **Il a une maison à côté de laquelle se trouve la gare.**
> *Er hat ein Haus, neben dem sich der Bahnhof befindet.*

Folgt **lequel, laquelle, lesquels** oder **lesquelles** der Präposition **à**, so entstehen folgende neue Verbindungen, z.B.:

Les livres auxquels je m'intéresse sont bon marché.
Die Bücher, für die ich mich interessiere, sind billig.

à	+	**lequel**	=	auquel
à	+	**laquelle**	=	à laquelle
à	+	**lesquels**	=	auxquels
à	+	**lesquelles**	=	auxquelles

Les types de phrases – *Satzarten*

Folgt **lequel, laquelle, lesquels** oder **lesquelles** der Präposition **de**, so entstehen folgende neue Verbindungen, z.B.:

Le village près duquel se trouve l'autoroute a beaucoup d'hôtels.
Das Dorf, in dessen Nähe sich die Autobahn befindet, hat viele Hotels.

de +	lequel	=	duquel
de +	laquelle	=	de laquelle
de +	lesquels	=	desquels
de +	lesquelles	=	desquelles

Die Formen **duquel, de laquelle** usw. finden nur dann Verwendung, wenn ihnen eine Präposition, z.B. **près de**, vorausgeht.
Einfache Ergänzungen mit **de** werden im Relativsatz durch **dont** vertreten, z.B.:

Les habitants de ce village sont surtout des paysans.
Die Bewohner dieses Dorfes sind hauptsächlich Bauern.
▶ **Le village, dont les habitants sont surtout des paysans, se trouve près d'Avignon.**
Das Dorf, dessen Bewohner hauptsächlich Bauern sind, befindet sich in der Nähe von Avignon.

Il habite près d'une ville.
Er wohnt in der Nähe einer Stadt.
▶ **Voilà la ville près de laquelle il habite.**
Hier ist die Stadt, in deren Nähe er wohnt.

Der Relativsatz mit *où*

Das Relativpronomen **où** vertritt Ortsbestimmungen im Relativsatz:

Montpellier est la ville où Jean fait ses études.
Montpellier ist die Stadt, in der Jean studiert.

Leicht gemerkt!

Verwechseln Sie nicht das Relativpronomen **où** *(wo)* mit der Konjunktion **ou** *(oder)*! Die beiden unterscheiden sich nur durch den Akzent (**accent grave**) auf dem **u**.
Vielleicht hilft Ihnen der folgende Merksatz dabei, die beiden Wörter nicht zu verwechseln:

Auf der ODER schwimmt kein GRAF!

Der Relativsatz

Der Relativsatz mit *ce qui, ce que*

Die Relativpronomen **ce qui** und **ce que**, die kein direktes Bezugswort haben, benutzt man, um das deutsche *was* zum Ausdruck zu bringen.

Ce qui ist Subjekt:	**Je sais bien ce qui m'intéresse.** *Ich weiß sehr wohl, was mich interessiert.*
Ce que ist Objekt:	**Je sais bien ce que Julien a dit.** *Ich weiß sehr wohl, was Julien gesagt hat.*

 Die Sache ist ganz einfach! Folgt ein Subjekt, dann verwenden Sie **ce que**. Folgt hingegen kein Subjekt, benutzen Sie **ce qui**.

Der Bedingungssatz

Der reale Bedingungssatz

Der Gebrauch des realen Bedingungssatzes

Der reale Bedingungssatz wird verwendet, wenn es sich um eine Bedingung handelt, die tatsächlich erfüllt werden kann, z.B.:

Si j'ai le temps, je lirai un livre.
Wenn ich Zeit habe, lese ich ein Buch.

Die Bildung des realen Bedingungssatzes

Si-Satz im Präsens	Hauptsatz im Futur I / Präsens
Si tu as le temps, *Wenn du Zeit hast,*	nous ferons les courses. *gehen wir einkaufen.*
S'il fait beau, *Wenn das Wetter schön ist,*	je vais à la piscine. *gehe ich ins Schwimmbad.*

Wenn Sie einen realen Bedingungssatz bilden möchten, dann beachten Sie folgende Zeitenfolge:
Im **si**-Satz steht das Präsens und im Hauptsatz wird das Futur I (Futur simple) oder das Präsens verwendet. **Si** wird vor Vokal zu **s'**.

Der irreale Bedingungssatz

Der Gebrauch des irrealen Bedingungssatzes

Der irreale Bedingungssatz wird verwendet, wenn eine Bedingung irreal ist, d.h. wenn sie der Wirklichkeit nicht entspricht und wenn ihre Erfüllung fraglich oder unmöglich ist, z.B.:

Si j'étais riche, je ferais le tour du monde. *Wenn ich reich wäre, würde ich eine Weltreise machen.*

Les types de phrases – *Satzarten*

Die Bildung des irrealen Bedingungssatzes

 Wenn Sie einen französischen Bedingungssatz bilden möchten, dürfen Sie im **si**-Satz nie das Konditional verwenden, wie das im Deutschen der Fall ist. Verwenden Sie im **si**-Satz immer das Imparfait.

Si-Satz im Imparfait	Hauptsatz im Konditional
S'il avait plus d'argent, *Wenn er mehr Geld hätte,*	il achèterait une maison. *würde er ein Haus kaufen.*
Si je faisais le tour du monde, *Wenn ich eine Weltreise machen würde,*	je ferais la connaissance de beaucoup de gens. *würde ich viele Leute kennen lernen.*

Bei der Bildung des irrealen Bedingungssatzes müssen Sie folgende Zeitenfolge beachten:
Im **si**-Satz steht das Imparfait und im Hauptsatz wird das Konditional verwendet.

Der Bedingungssatz

Der irreale Bedingungssatz in der Vergangenheit

Der irreale Bedingungssatz in der Vergangenheit wird verwendet, wenn eine Bedingung in der Vergangenheit unerfüllt geblieben ist. Es handelt sich somit um einen rein hypothetischen Satz.

Si j'avais été riche, j'aurais fait le tour du monde. *Wenn ich reich gewesen wäre, hätte ich eine Weltreise gemacht.*

Im **si**-Satz steht das Plusquamperfekt und im Hauptsatz das Konditional II:

Si-Satz im Plusquamperfekt	Hauptsatz im Konditional II
S'il avait eu plus d'argent, *Wenn er mehr Geld gehabt hätte,*	**il aurait acheté une maison.** *hätte er ein Haus gekauft.*
Si j'avais fait le tour du monde, *Wenn ich eine Weltreise gemacht hätte,*	**j'aurais fait la connaissance de beaucoup de gens.** *hätte ich viele Leute kennen gelernt.*

Die indirekte Rede

Die Bildung der indirekten Rede und der indirekten Frage

Die indirekte Rede

Die indirekte Rede wird durch **que** eingeleitet:

Elle dit que la jupe est bon marché. *Sie sagt, dass der Rock billig ist.*

Vor Vokal wird **que** zu **qu'**:

Elle dit qu'il a raison. *Sie sagt, dass er Recht hat.*

Die indirekte Frage

Die indirekte Frage wird

- durch **si** eingeleitet:

  Elle demande si Luc veut aller au cinéma.
  Sie fragt, ob Luc ins Kino gehen will.

- vor Vokal durch **s'** eingeleitet:

  Elle demande s'il veut aller au cinéma.
  Sie fragt, ob er ins Kino gehen will.

Les types de phrases – *Satzarten*

- durch das entsprechende Fragewort eingeleitet:

    Paul veut savoir où son copain travaille.
    Paul möchte wissen, wo sein Freund arbeitet.
    Elle veut savoir pourquoi Nicole habite à Lyon.
    Sie möchte wissen, warum Nicole in Lyon wohnt.
    Il me demande quand j'ai commencé à travailler.
    Er fragt mich, wann ich angefangen habe zu arbeiten.

Im Gegensatz zum Deutschen ändert sich die Wortstellung im Französischen in der indirekten Rede/Frage nicht. Außerdem steht kein Komma, z.B.:

Paul dit qu'il a peu d'argent.	*Paul sagt, dass er wenig Geld hat.*
Paul veut savoir si j'ai de l'argent.	*Paul will wissen, ob ich Geld habe.*

Die Zeitenfolge in der indirekten Rede und in der indirekten Frage

Die Zeitenfolge in der Gegenwart

Steht das einleitende Verb im Präsens, so steht das Verb in der indirekten Rede oder Frage in der gleichen Zeit wie in der direkten Rede oder Frage:

Direkte Rede:	**Marie dit: « Je vais partir en vacances. »** *Marie sagt: „Ich werde in Urlaub fahren."*
Indirekte Rede:	**Marie dit qu'elle va partir en vacances.** *Marie sagt, dass sie in Urlaub fahren wird.*

Die Zeitenfolge in der Vergangenheit

Wenn Sie die indirekte Rede in der Vergangenheit benutzen, dann gilt es einige Besonderheiten im Hinblick auf die Verwendung der Zeiten zu beachten:

Direkte Rede	**Indirekte Rede**
Präsens ▶	Imparfait
Il a dit: « Elle va au cinéma. » *Er hat gesagt: „Sie geht ins Kino."*	**Il a dit qu'elle allait au cinéma.** *Er hat gesagt, dass sie ins Kino geht.*
Passé composé ▶	Plus-que-parfait
Il avait dit: « Elle est allée au cinéma. » *Er hatte gesagt: „Sie ist ins Kino gegangen."*	**Il avait dit qu'elle était allée au cinéma.** *Er hatte gesagt, dass sie ins Kino gegangen war.*

Die indirekte Rede 117

Imparfait	▶	Imparfait
Il disait: « Elle allait au cinéma. » *Er sagte: „Sie ging ins Kino."*		**Il disait qu'elle allait au cinéma.** *Er sagte, dass sie ins Kino gegangen sei.*
Plus-que-parfait	▶	**Plus-que-parfait**
Il a dit: « Elle était allée au cinéma. » *Er sagte: „Sie war ins Kino gegangen."*		**Il a dit qu'elle était allée au cinéma.** *Er sagte, dass sie ins Kino gegangen war.*
Futur I	▶	**Konditional I**
Il disait: « Elle ira au cinéma. » *Er sagte: „Sie wird ins Kino gehen."*		**Il disait qu'elle irait au cinéma.** *Er sagte, dass sie ins Kino gehen werde.*
Futur II	▶	**Konditional II**
Il a dit: « Elle sera allée au cinéma. » *Er sagte: „Sie wird ins Kino gegangen sein."*		**Il a dit qu'elle serait allée au cinéma.** *Er sagte, dass sie ins Kino gegangen sein würde.*
Konditional I	▶	**Konditional I**
Il disait: « Elle irait au cinéma. » *Er sagte: „Sie würde ins Kino gehen."*		**Il disait qu'elle irait au cinéma.** *Er sagte, dass sie ins Kino gehen würde.*
Konditional II	▶	**Konditional II**
Il a dit: « Elle serait allée au cinéma. » *Er sagte: „Sie wäre ins Kino gegangen."*		**Il a dit qu'elle serait allée au cinéma.** *Er sagte, dass sie ins Kino gegangen wäre.*

Steht das einleitende Verb in einer Zeit der Vergangenheit, also im Passé composé, Imparfait oder Plus-que-parfait, dann verändert sich die zu verwendende Zeit im Nebensatz gegenüber der direkten Rede oder Frage in einigen Zeiten:

Direkte Rede / Frage		Indirekte Rede / Frage
Präsens	▶	Imparfait
Passé composé	▶	Plus-que-parfait
Futur I	▶	Konditional I
Futur II	▶	Konditional II

Les types de phrases – *Satzarten*

Imparfait	bleibt	Imparfait
Plus-que-parfait	bleibt	Plus-que-parfait
Konditional I	bleibt	Konditional I
Konditional II	bleibt	Konditional II

Diese Zeitenverschiebung gilt übrigens nicht nur in der indirekten Rede/Frage, sondern auch in anderen Nebensätzen, z.B.:

Je crois que tu es en vacances. *Ich glaube, dass du in den Ferien bist.*	**Präsens**
Je croyais que tu étais en vacances. *Ich glaubte, dass du in den Ferien seiest.*	**Imparfait**

Leicht gemerkt!

Merken Sie sich, dass die Verschiebung der Zeitformen in der indirekten Rede *nur dann* stattfindet, wenn das einleitende Verb in der Vergangenheit (also im **Imparfait, Passé composé, Passé simple** oder **Plus-que-parfait**) steht.

Die Verschiebung der Zeiten können Sie sich auch ganz leicht merken, denn es werden nur die folgenden vier Zeiten verschoben:

Präsens	►	Imparfait
Passé composé	►	Plus-que-parfait
Futur I	►	Konditional I
Futur II	►	Konditional II

10 | Les numéraux et les indications du temps – *Zahlen und Zeitangaben*

Die Grundzahlen

0	zéro	67	soixante-sept
1	un, une	70	soixante-dix
2	deux	71	soixante et onze
3	trois	72	soixante-douze
4	quatre	73	soixante-treize
5	cinq	74	soixante-quatorze
6	six	75	soixante-quinze
7	sept	76	soixante-seize
8	huit	77	soixante-dix-sept
9	neuf	78	soixante-dix-huit
10	dix	79	soixante-dix-neuf
11	onze	80	quatre-vingts
12	douze	81	quatre-vingt-un/une
13	treize	82	quatre-vingt-deux
14	quatorze	83	quatre-vingt-trois
15	quinze	90	quatre-vingt-dix
16	seize	91	quatre-vingt-onze
17	dix-sept	92	quatre-vingt-douze
18	dix-huit	100	cent
19	dix-neuf	101	cent un/une
20	vingt	102	cent deux
21	vingt et un/une	110	cent dix
22	vingt-deux	153	cent cinquante-trois
23	vingt-trois	200	deux cents
24	vingt-quatre	210	deux cent dix
25	vingt-cinq	300	trois cents
26	vingt-six	385	trois cent quatre-vingt-cinq
27	vingt-sept	400	quatre cents
28	vingt-huit	500	cinq cents
29	vingt-neuf	600	six cents
30	trente	700	sept cents
31	trente et un/une	800	huit cents
32	trente-deux	900	neuf cents
33	trente-trois	1000	mille
40	quarante	1001	mille un/une
41	quarante et un/une	1140	mille cent quarante
44	quarante-quatre	2000	deux mille
50	cinquante		
51	cinquante et un/une	1 000 000	un million
56	cinquante-six	2 000 000	deux millions
60	soixante	1 000 000 000	un milliard
61	soixante et un/une	2 000 000 000	deux milliards

Les numéraux et les indications du temps – Zahlen und Zeitangaben

1. Wenn hinter Zahlen mit **un** bzw. **une** ein Substantiv folgt, so steht bei männlichen Substantiven **un** und bei weiblichen Substantiven **une**, z.B.:

J'ai quatre-vingt-un livres.   *aber:*   **J'ai vingt et une jupes.**
Ich habe 81 Bücher.   *Ich habe 21 Röcke.*

2. Bei 21, 31, 41, 51 und 61 steht zwischen Zehnern und Einern **et**, z.B.:

21   **vingt et un**
61   **soixante et un**

Ebenso steht bei 71 das **et**:

soixante et onze

Bei 81, bei den Hundertern und Tausendern folgt **un/une** ohne das Wörtchen **et**, z.B.:

201   **deux cent un**
1001 **mille un** usw.

3. Bei den restlichen Zahlen von 17 bis 100 werden die Zehner und Einer mit einem Bindestrich verbunden:

17   **dix-sept**
22   **vingt-deux**
34   **trente-quatre**

4. Die Zahl **quatre-vingts** (80) wird mit **-s** geschrieben. Bei 81–99 fällt das **-s** weg, z.B.:

81   **quatre-vingt-un/une**
97   **quatre-vingt-dix-sept** usw.

5. Nur die vollen Hunderter erhalten ein **-s**, z.B.:

200   **deux cents**
300   **trois cents** usw.

Folgt dem Hunderter eine weitere Zahl, fällt das **-s** weg, z.B.:

208   **deux cent huit**

Die Grundzahlen

6. An Hunderter, Tausender, Millionen und Milliarden werden die anderen Zahlen ohne Bindestrich angehängt, z.B.:

245	**deux cent quarante-cinq**
1005	**mille cinq**
2 100 000	**deux millions cent mille**

7. **Mille** ist unveränderlich, z.B.:

| 2000 | **deux mille** |

8. Folgt auf **milliard** oder **million** ein Substantiv, so wird **de** eingefügt, wenn es sich um runde Zahlen handelt, denen keine weiteren Zahlen folgen:

Il me faut encore trois millions d'euros pour acheter cette maison. Mais j'ai déjà un million cent mille euros.
Ich brauche noch drei Millionen Euro, um dieses Haus zu kaufen. Aber ich habe schon eine Million einhunderttausend Euro.

Sie werden die französische Schweiz und das französische Belgien lieben, wenn Sie sehen werden, wie einfach dort 70, 80 und 90 sind. In der französischsprachigen Schweiz und in Belgien werden **septante** für 70 und **nonante** für 90 benutzt. **Huitante** für 80 kommt nur in der Schweiz vor. Die Einer werden an die Zehner wie von 20–69 angehängt, z.B.:

| 72 | **septante-deux** |
| 94 | **nonante-quatre** |

9. Im Französischen gibt es im Gegensatz zum Deutschen zwei Möglichkeiten, Jahreszahlen auszusprechen, wobei die erste Variante in Frankreich bevorzugt wird.

| 2004 | **deux mille quatre** |
| | **vingt cent quatre** |

Die Grundzahlen

Les numéraux et les indications du temps – Zahlen und Zeitangaben

Leicht gemerkt!

Die Zahlen von 1 - 20 und die Zehnerzahlen lernen Sie am besten auswendig. Die übrigen Grundzahlen können Sie dann ganz einfach bilden! Beachten Sie jedoch, dass drei Zehnerzahlen unregelmäßig sind. Diese können Sie sich aber jeweils leicht mit einer kleinen Rechenaufgabe merken:

70	**soixante-dix**	$= 60 + 10$
80	**quatre-vingts**	$= 4 \times 20$
90	**quatre-vingt-dix**	$= 4 \times 20 + 10$

Die Ordnungszahlen

1$^{er/ère}$	**le premier/la première**	17^e	**le/la dix-septième**
2^e	**le/la deuxième** *oder*	18^e	**le/la dix-huitième**
2$^{nd/nde}$	**le second/la seconde**	19^e	**le/la dix-neuvième**
3^e	**le/la troisième**	20^e	**le/la vingtième**
4^e	**le/la quatrième**	21^e	**le/la vingt et unième**
5^e	**le/la cinquième**	22^e	**le/la vingt-deuxième**
6^e	**le/la sixième**	23^e	**le/la vingt-troisième**
7^e	**le/la septième**	30^e	**le/la trentième**
8^e	**le/la huitième**	70^e	**le/la soixante-dixième**
9^e	**le/la neuvième**	71^e	**le/la soixante et onzième**
10^e	**le/la dixième**	80^e	**le/la quatre-vingtième**
11^e	**le/la onzième**	81^e	**le/la quatre-vingt-unième**
12^e	**le/la douzième**	90^e	**le/la quatre-vingt-dixième**
13^e	**le/la treizième**	91^e	**le/la quatre-vingt-onzième**
14^e	**le/la quatorzième**	97^e	**le/la quatre-vingt-dix-sep-tième**
15^e	**le/la quinzième**		
16^e	**le/la seizième**	100^e	**le/la centième**

Die Ordnungszahlen werden gebildet, indem man die Endung **-ième** an die jeweilige Grundzahl anhängt.
Bei Grundzahlen, die auf **-e** enden, fällt das **-e** weg.
Da **premier** nicht mit anderen Zahlen verbunden werden kann, benutzt man ab 21 **unième**, so zum Beispiel **vingt et unième, trente et unième**.
Der Artikel wird vor den Ordnungszahlen nie apostrophiert, z.B. **la huitième, le onzième**.

! Haben Sie schon bemerkt, dass es für *der/die/das Zweite*
● **le/la deuxième** und **le second/la seconde** gibt?
Dann haben Sie sich sicherlich auch schon gefragt, wie die beiden
verwendet werden.
Das ist ganz einfach, denn meist sind sie austauschbar. Allerdings
wird **deuxième** bevorzugt benutzt.
Ebenso gibt es feststehende Ausdrücke, wo **le second/la seconde**
gebraucht wird, z.B. **la Seconde Guerre mondiale**.
Da **le second/la seconde** nicht mit anderen Zahlen verbunden wer-
den kann, benutzt man ab 22 **deuxième**, z.B. **vingt-deuxième** usw.

▶◀ Hinsichtlich des Gebrauchs der Ordnungszahlen im Französischen
gibt es einige Unterschiede zum Deutschen, da in Frankreich die
Ordnungszahlen nicht so häufig gebraucht werden.

Folgende Unterschiede sind wichtig:

1. Wie im Deutschen steht im Französischen bei Datumsangaben für
den ersten Tag des Monats und bei Herrschernamen für den ersten
Träger des Herrschernamens die Ordnungszahl:

le premier mai	*der erste Mai*
Napoléon premier	*Napoleon der Erste*

Abweichend vom Deutschen wird bei den folgenden Tagen oder
Herrschern die Grundzahl verwendet:

le deux mai, le trois mai	*der zweite Mai, der dritte Mai*
Napoléon trois	*Napoleon der Dritte*

2. Bei Ausdrücken mit *jede/jedes/jeder*... wird im Deutschen die
Ordnungszahl und im Französischen die Grundzahl verwendet. Der
Ausdruck wird mit **un/une** + Grundzahl wiedergegeben:

Il va à la piscine un jour sur deux.	*Er geht jeden zweiten Tag ins Schwimmbad.*

oder:

Il va à la piscine tous les deux jours.

Die Bruchzahlen

 Die Bruchzahlen haben mit den Ordnungszahlen viel gemeinsam, da der Nenner die gleiche Form wie die Ordnungszahl hat, z.B. **un cinquième** (⅕).

Mit Ausnahme von **un demi, un tiers** und **un quart** hat der Nenner der Bruchzahl, d.h. die untere Zahl, die gleiche Form wie die Ordnungszahl. Ist der Zähler, d.h. die obere Zahl, größer als 1, dann erhält die Ordnungszahl ein Plural **-s**.

½	=	**un demi**		⅕	=	**un cinquième**
⅓	=	**un tiers**		⅚	=	**cinq sixièmes**
¼	=	**un quart**		⁸⁄₁₀	=	**huit dixièmes**
⅙	=	**un sixième**				

Die Datumsangabe

 Abweichend vom Deutschen erfolgt im Französischen nur die Angabe des ersten Tages im Monat mit der Ordnungszahl. Die folgenden Tage werden mit der Grundzahl zum Ausdruck gebracht.

Außerdem wird das Datum immer nur mit dem Artikel benannt, selbst wenn im Deutschen eine Präposition steht:

On est le combien aujourd'hui ? *Den wievielten haben wir heute?*
On est le premier janvier ? *Den ersten Januar?*
- Non, on est le deux (janvier). *- Nein, wir haben den zweiten (Januar).*

Quand est-ce que tu pars en vacances ? *Wann fährst du in Urlaub?*
- Moi, je pars le dix janvier. *- Ich fahre am zehnten Januar.*

Die Zeitangabe

Die umgangssprachliche Zeitangabe

 Die Zeitangabe in der Umgangssprache erfolgt etwas anders als im Deutschen.

1.00	Il est une heure.		
2.00	Il est deux heures.		
2.10	Il est deux heures dix.		
2.15	Il est deux heures et quart.		
2.29	Il est deux heures vingt-neuf.		
2.30	Il est deux heures et demie.		
2.31	Il est trois heures moins vingt-neuf.		
2.40	Il est trois heures moins vingt.		
2.45	Il est trois heures moins le quart.		
12.00	Il est midi.	00.00	Il est minuit.
12.15	Il est midi et quart.	00.30	Il est minuit et demi.

In der gesprochenen Sprache werden die Stunden ab Mittag bis Mitternacht von 1 bis 11 gezählt.
Die Minuten werden bis halb zur vorhergehenden Stunde einfach hinzugezählt. Nur bei Viertel steht zwischen der Stunde und **quart** das Wörtchen **et**. Nach halb werden die Minuten von der nächsten vollen Stunde mit Hilfe von **moins** abgezogen.

Bei Viertel vor/drei viertel steht zwischen **moins** und **quart** der bestimmte Artikel **le**.

 Nehmen Sie sich eine Uhr zur Hand, bei der man schnell und einfach die Zeit verstellen kann (am besten eine analoge Uhr), und verstellen Sie die Zeiger willkürlich, ohne hinzusehen. Lesen Sie dann die eingestellte Uhrzeit laut auf Französisch ab. Bereits nach einigen Wiederholungen werden Sie sehen, wie schnell Ihnen die Zeitangaben in der gesprochenen Sprache geläufig sind!

Die offizielle Zeitangabe

Die Angabe der offiziellen Uhrzeit erfolgt auf Bahnhöfen, Flughäfen, im Radio usw. Sie werden die offizielle Zeitangabe lieben, da sie wie im Deutschen erfolgt:

03.00	Il est trois heures.
15.00	Il est quinze heures.
16.15	Il est seize heures quinze.
16.30	Il est seize heures trente.
16.35	Il est seize heures trente-cinq.
16.45	Il est seize heures quarante-cinq.

Bei der offiziellen Zeitangabe werden die Minuten zur vorhergehenden Stunde hinzugezählt. Dies gilt auch für die Minuten nach halb. Viertel nach, viertel vor und halb werden ebenfalls mit den Grundzahlen ausgedrückt.

11 | Les prépositions – *Die Präpositionen*

Die Präpositionen werden im Französischen anders verwendet als im Deutschen. Lernen Sie deshalb die Präpositionen immer mit.

Die Präpositionen des Ortes

Die Präposition **à**: *in, nach*

Die Präposition **à** dient der Angabe von Zielen oder Aufenthaltsorten in abstrakter, allgemeiner Weise.

Mit dem bestimmten Artikel geht **à** folgende Verbindungen ein:

à + le = au
à + les = aux

Maria habite à Lisbonne au Portugal. Elle va souvent à la plage. Cet été, elle veut aller aux Etats-Unis.
Maria wohnt in Lissabon in Portugal. Sie geht oft an den Strand. Diesen Sommer möchte sie in die Vereinigten Staaten fahren.

Denken Sie daran, dass Ziele oder Aufenthaltsorte von weiblichen Ländern mit der Präposition **en** ausgedrückt werden:

Je vais en France.   *Ich gehe nach Frankreich.*

Die Präposition **chez**: *bei, zu*

Die Präposition **chez** dient der Angabe von Zielen und Aufenthaltsorten bei Personen oder belebten Wesen, z.B. bei Firmennamen:

On va chez Paul ? — *Gehen wir zu Paul?*
- Non, j'ai rendez-vous chez le dentiste. — *- Nein, ich habe einen Termin beim Zahnarzt.*
M. Dubois travaille chez PONS. — *Herr Dubois arbeitet bei PONS.*

Les prépositions – *Die Präpositionen*

Die Präposition dans: *in, in ... hinein*

Die Präposition **dans** dient der Angabe von konkreten Ortsangaben, z.B. in Räumen:

Elle habite dans un quartier de Paris où les enfants ne peuvent pas jouer dans la rue.
Sie wohnt in einem Viertel in Paris, wo die Kinder nicht auf der Straße spielen können.

Die Präposition de: *von, aus*

Die Präposition **de** gibt die Herkunft, den Ursprung oder den Ausgangspunkt an.
Mit dem bestimmten Artikel geht **de** folgende Verbindungen ein:

de + le = du
de + les = des

Vor Vokal und stummem **h** wird **de** zu **d'**.

Moi, je suis de France, mais mon mari est d'Allemagne. Maintenant nous venons de Suisse.
Ich bin aus Frankreich, aber mein Mann ist aus Deutschland. Jetzt kommen wir aus der Schweiz.

Die Präposition en: *in, nach*

Die Präposition **en** steht bei Aufenthaltsorten und Zielen von weiblichen Ländernamen, bei Provinzen und Regionen und in bestimmten Ausdrücken:

J'habite en France. Je vais partir en vacances en Provence.
Ich wohne in Frankreich. Ich fahre in den Ferien in die Provence.

Die Präposition par: *durch*

Die Präposition **par** bezeichnet das Durchqueren eines Raumes und steht meist in Verbindung mit Verben der Bewegung:

Pour aller en Italie, on passe par la Suisse.
Um nach Italien zu fahren, fährt man durch die Schweiz.

Die Präposition pour: *nach*

Die Präposition **pour** bezeichnet den Zielpunkt einer Reise, z.B.
ein Land oder eine Stadt in Verbindung mit den Verben **partir** und
s'embarquer:

Ce matin, ils sont partis pour Paris.	*Heute Morgen sind sie nach Paris gefahren.*

Die Präposition vers: *in Richtung, nach*

Die Präposition **vers** bezeichnet das Ziel einer Bewegung, z.B. ein
Land, eine Stadt, eine Himmelsrichtung oder eine Person:

On va vers l'ouest.	*Wir fahren gen Westen.*

Weitere örtliche Präpositionen

Die hier aufgeführten örtlichen Präpositionen weisen für
Deutschsprachige keine Schwierigkeiten auf.
Folgende weitere örtliche Präpositionen stehen zur Verfügung:

à côté de *(neben)*	
Le garage est à côté de la maison.	*Die Garage ist neben dem Haus.*
à droite de *(rechts)*	
À droite du garage, il y a la boulangerie.	*Rechts neben der Garage ist die Bäckerei.*
à gauche de *(links)*	
À gauche de la voiture, il y a un arbre.	*Links neben dem Auto ist ein Baum.*
au bout de *(am Ende von)*	
Au bout de la rue, il y a l'école de Luc.	*Am Ende der Straße ist die Schule von Luc.*
au fond de *(hinten)*	
Au fond du garage, il y a le vélo de Luc.	*Hinten in der Garage steht Lucs Fahrrad.*
derrière *(hinter)*	
Le chien est derrière la voiture.	*Der Hund ist hinter dem Auto.*
devant *(vor)*	
Luc est devant la maison.	*Luc ist vor dem Haus.*
en face de *(gegenüber)*	
La maison est en face de l'hôtel.	*Das Haus ist gegenüber dem Hotel.*

entre *(zwischen)*	
Le petit frère de Luc est entre la voiture et la maison.	*Der kleine Bruder von Luc ist zwischen dem Auto und dem Haus.*
loin de *(weit von)*	
La maison est loin de la piscine.	*Das Haus ist weit weg vom Schwimmbad.*
près de *(nahe bei)*	
La maison est près de la gare.	*Das Haus ist in der Nähe des Bahnhofs.*
sous *(unter)*	
Le ballon est sous la voiture.	*Der Ball ist unter dem Auto.*
sur *(auf)*	
Le chat est sur le toit.	*Die Katze ist auf dem Dach.*

Die Präpositionen der Zeit

Die Präposition à: *um, an, in*

Die Präposition **à** bezeichnet genaue Zeitpunkte:

Le train arrive à six heures.	*Der Zug kommt um sechs Uhr an.*
Il fait froid à Noël.	*An Weihnachten ist es kalt.*
Elle s'est mariée à 30 ans.	*Sie hat mit 30 geheiratet.*

Man sagt **au** printemps aber **en** été, **en** automne, **en** hiver.

Die Präposition à partir de: *von ... an, ab*

Die Präposition **à partir de** gibt den Anfangspunkt einer Handlung in der Gegenwart oder in der Zukunft an:

À partir d'aujourd'hui, il ne travaille plus.	*Seit heute arbeitet er nicht mehr.*
À partir de demain, elle fait des études.	*Ab morgen studiert sie.*

Die Präposition après: *nach*

Die Präposition **après** gibt einen Zeitpunkt an, der nach einem anderen Zeitpunkt oder Zeitraum in der Vergangenheit oder Zukunft liegt:

Je vais terminer mon travail après Noël.	*Ich werde meine Arbeit nach Weihnachten beenden.*

Die Präposition avant: *vor*

Die Präposition **avant** gibt einen Zeitpunkt an, der vor einem anderen Zeitpunkt oder Zeitraum in der Vergangenheit oder Zukunft liegt:

Je vais terminer mon travail   *Ich werde meine Arbeit vor*
avant Noël.   *Weihnachten beenden.*

Die Präposition dans: *in, nach Ablauf von*

Die Präposition **dans** wird verwendet, um einen zukünftigen Zeitpunkt auszudrücken:

Paul rentre dans dix minutes.   *Paul kommt in zehn Minuten zurück.*

Die Präposition dès: *seit, von ... an*

Die Präposition **dès** bezeichnet den Anfangszeitpunkt einer Handlung in der Vergangenheit, Gegenwart oder Zukunft:

Il est chef dès l'âge de 30 ans.   *Er ist Leiter seit er 30 Jahre alt ist.*
Il m'énerve dès son arrivé.   *Er nervt mich seit seiner Ankunft.*

Die Präposition depuis: *seit*

Die Präposition **depuis** bezeichnet den Anfangszeitpunkt eines Zeitraumes, der in der Vergangenheit beginnt und an die Vergangenheit oder Gegenwart heranreicht:

Il est chez PONS depuis dix ans.   *Er ist seit zehn Jahren bei PONS.*

Die Präposition en: *im (Monat), im Jahre, innerhalb von*

Die Präposition **en** steht vor den Jahreszeiten, die mit Vokal beginnen, sowie vor Monatsnamen und Jahreszahlen.
Außerdem bezeichnet **en** einen bestimmten Zeitraum, innerhalb dessen sich eine Handlung vollzieht:

Marie est née en 1996.   *Marie ist 1996 geboren.*
Il fait froid en hiver.   *Im Winter ist es kalt.*
Noël est en décembre.   *Weihnachten ist im Dezember.*
Peter a fait ses études en 5 ans.   *Peter hat innerhalb von 5 Jahren studiert.*

Bei Monatsnamen kann man statt **en** auch **au mois de** verwenden, z.B.:

Tout le monde part en vacances au mois d'août **/ en** août**.**
Jeder fährt im August in Urlaub.

Les prépositions – *Die Präpositionen*

Die Präposition entre ... et: *zwischen ... und*

Die Präposition **entre ... et** bezeichnet einen Zeitraum, der zwischen zwei Zeitpunkten liegt:

Je vais travailler entre 8 heures et 10 heures.
Ich werde zwischen 8 und 10 Uhr arbeiten.

Die Präposition il y a: *vor*

Die Präposition **il y a** bezeichnet einen vergangenen Zeitpunkt:

Pierre a passé son bac il y a un an. *Pierre hat vor einem Jahr sein Abi bestanden.*

Die Präposition jusque: *bis*

Die Präposition **jusque** bezeichnet den Endpunkt eines ununterbrochenen Zeitraumes, der in der Zukunft stattfindet oder in der Vergangenheit abgeschlossen wurde:

Nous attendons jusqu'à demain. *Wir warten bis morgen.*
Nous restons jusqu'au 10 mars. *Wir bleiben bis zum 10. März.*
Tu veux vraiment rester jusqu'à la fin ? *Möchtest du wirklich bis zum Ende bleiben?*

 Der Präposition **jusque** folgt gerne die Präposition **à**, woraufhin **jusque** sein **-e** verliert und zu **jusqu'à** wird.

Die Präpositionen der Zeit

Die Präposition pendant: *während*

Die Präposition **pendant** bezeichnet einen Zeitraum, der von einer Handlung ausgefüllt ist:

Il faisait beau pendant notre séjour.
Es war schönes Wetter während unseres Aufenthaltes.

Die Präposition pour: *für (die Dauer von)*

Die Präposition **pour** bezeichnet einen befristeten Zeitraum, der einem bestimmten Ziel unterworfen ist:

Il va à Paris pour deux semaines. *Er fährt für zwei Wochen nach Paris.*

Die Präposition vers: *gegen, um*

Die Präposition **vers** bezeichnet einen ungefähren Zeitpunkt:

J'arrive vers dix heures.
Ich komme gegen zehn Uhr an.
Il termine son travail vers le 18 février.
Er beendet seine Arbeit um den 18. Februar herum.

Modale Präpositionen

Die Präposition à: *mit*

Die Präposition **à** bringt Folgendes zum Ausdruck:

- Zweck:

C'est un verre à vin. *Das ist ein Weinglas.*

- Art und Weise:

Il faut écrire au crayon. *Man muss mit dem Bleistift schreiben.*

- Preisangabe:

Le kilo est à dix euros. *Das Kilo kostet zehn Euro.*

- Fortbewegungsart mit oder ohne Verkehrsmittel:

On va à pied / à vélo au cinéma.
Wir gehen zu Fuß / Wir fahren mit dem Fahrrad ins Kino.

- Entfernung:

L'hôtel est à dix kilomètres d'ici.
Das Hotel ist 10 Kilometer von hier entfernt.

Les prépositions – *Die Präpositionen*

Die Präposition avec: *mit*

Die Präposition **avec** bringt Folgendes zum Ausdruck:

- Mittel / Werkzeug:

    Il ouvre la porte avec la clé.   *Er öffnet die Tür mit dem Schlüssel.*

Die Präposition de: *mit, aus, vor*

Die Präposition **de** bringt Folgendes zum Ausdruck:

- Körperteil:

    Il fait signe de la tête.   *Er nickt mit dem Kopf.*

- Materialangabe:

    Regardez ! C'est du bois massif.   *Seht mal! Das ist Massivholz.*

- Ursache:

    Ils ont crié de peur.   *Sie haben vor Angst geschrieen.*

- Mengenangabe:

    Il faut acheter deux litres de lait.   *Wir müssen zwei Liter Milch kaufen.*

Die Präposition en: *mit, aus*

Die Präposition **en** bringt Folgendes zum Ausdruck:

- Fortbewegung mit einem Transportmittel:

    J'y vais en avion.   *Ich fliege im Flugzeug dorthin.*

- Materialangabe:

    J'ai une montre en or.   *Ich habe eine goldene Uhr.*

Denken Sie daran, dass man bei der Fortbewegung mit dem Fahrrad die Präposition **à** verwendet:

J'y vais à bicyclette.   *Ich fahre mit dem Fahrrad dorthin.*

Wenn Sie jedoch lieber das Wort **le vélo** benutzen möchten, können Sie beides sagen:

J'y vais à / en vélo.   *Ich fahre mit dem Fahrrad dorthin.*

Modale Präpositionen

Die Präposition par: *mit, durch, aus, pro*

Die Präposition **par** bringt Folgendes zum Ausdruck:

- Mittel:

Cette lettre est arrivée par avion.
Dieser Brief ist per Flugzeug angekommen.

- Urheberbezeichnung:

J'ai appris la nouvelle par Jean.
Ich habe die Nachricht durch Jean erfahren.

- Beweggrund:

Il a avoué par peur d'aller en prison.
Er hat gestanden, aus Angst ins Gefängnis zu gehen.

- Verteilung:

La chambre coûte 100 € par personne.
Das Zimmer kostet 100 € pro Person.

Die Präposition pour: *für*

Die Präposition **pour** bringt Folgendes zum Ausdruck:

- Zweck:

Il travaille pour gagner de l'argent.
Er arbeitet, um Geld zu verdienen.

- Preisangabe:

J'ai acheté ce livre pour 20 €.
Ich habe dieses Buch für 20 € gekauft.

Leicht gemerkt!

Manche Präpositionen (wie z.B. **à, de, dans, en, pour** usw.) können in unterschiedlichen Zusammenhängen benutzt werden, also für Ortsangaben, Zeitangaben oder auch in anderen Kontexten. Merken Sie sich die Präpositionen im Französischen deshalb am besten immer an einem konkreten Beispiel. Verzweifeln Sie nicht, wenn Sie die französischen Präpositionen nicht gleich auf Anhieb richtig verwenden – man wird Sie in der Regel trotzdem verstehen!

12 | Les conjonctions – *Die Konjunktionen*

Mithilfe von Konjunktionen kann man Sätze oder Satzteile miteinander verbinden. Man unterscheidet zwischen beiordnenden und unterordnenden Konjunktionen.

Beiordnende Konjunktionen

Beiordnende Konjunktionen verbinden gleichrangige Sätze, d.h. Hauptsätze, miteinander, z.B.:

Il pleut et Marc reste à la maison.	*Es regnet und Marc bleibt zu Hause.*
J'avais rendez-vous avec Jean, mais il n'est pas venu.	*Ich hatte eine Verabredung mit Jean, aber er ist nicht gekommen.*

Zu den beiordnenden Konjunktionen zählen u.a.:

car	*denn*	**ni … ni**	*weder … noch*
donc	*also*	**ou**	*oder*
et	*und*	**ou … ou**	*entweder … oder*
mais	*aber*	**ou bien**	*oder*

Unterordnende Konjunktionen

Unterordnende Konjunktionen verbinden Haupt- und Nebensätze:

Il n'a plus de temps depuis qu'il doit travailler.	*Er hat keine Zeit mehr, seitdem er arbeiten muss.*
Quand j'aurai terminé le bac, je ferai des études.	*Wenn ich das Abitur gemacht habe, werde ich studieren.*
Je ne peux pas sortir ce soir parce que j'ai de la visite.	*Ich kann heute Abend nicht ausgehen, weil ich Besuch habe.*

Zu den unterordnenden Konjunktionen zählen u.a.:

à condition que*	unter der Bedingung, dass
afin que*	damit
après que	nachdem
avant que*	bevor
bien que*	obwohl
comme	da
de peur que*	damit nicht
depuis que	seit, seitdem
dès que	sobald
jusqu'à ce que*	bis
lorsque	als, wenn
malgré que*	obwohl, obgleich
parce que	weil
pendant que	während
pour que*	damit
pourvu que*	vorausgesetzt, dass
puisque	da
quand	als, wenn
quoique*	obwohl
sans que*	ohne dass
si	wenn
si bien que	so dass
supposé que*	angenommen, dass
tant que	solange

Les conjonctions – *Die Konjunktionen*

Nach den mit * gekennzeichneten Konjunktionen folgt der
Subjonctif, z.B.:

Marie reste au lit jusqu'à ce que sa mère vienne.	*Marie bleibt im Bett, bis ihre Mutter kommt.*
Elle travaille pour que sa famille puisse vivre mieux.	*Sie arbeitet, damit ihre Familie besser leben kann.*

Leicht gemerkt!

Bestimmt bereitet es Ihnen am Anfang noch etwas Schwierigkeiten
sich zu merken, nach welchen unterordnenden Konjunktionen der
Subjonctif folgt und nach welchen nicht. Am besten lernen Sie
die folgenden Konjunktionen auswendig, die den Subjonctif im
Nebensatz auslösen:

à condition que	*unter der Bedingung, dass*	**malgré que**	*obwohl, obgleich*
afin que	*damit*	**pour que**	*damit*
avant que	*bevor*	**pourvu que**	*vorausgesetzt, dass*
bien que	*obwohl*	**quoique**	*obwohl*
de peur que	*damit nicht*	**sans que**	*ohne dass*
jusqu'à ce que	*bis*	**supposé que**	*angenommen, dass*

Sie werden sehen, nach einer Weile bekommen Sie selbst ein Gespür
dafür, wann man den Subjonctif benutzt und wann nicht!

Leicht gemerkt! 139

Wichtige Grammatikbegriffe in der Übersicht

Französisch	Deutsch	Latein	Beispiel
Adjectif	Eigenschaftswort	Adjektiv	Das ist ein **interessanter** Film!
Adverbe	Umstandswort	Adverb	Sie spricht **langsam**.
Article	Geschlechtswort	Artikel	**Der** Löwe ist **ein** Raubtier.
Comparatif	1. Steigerungsform	Komparativ	Du bist **älter als** ich.
Conditionnel	Bedingungsform	Konditional	Ich **würde** ja **sagen**.
Conjonction	Bindewort	Konjunktion	Kennst du Asterix **und** Obelix?
Futur	Zukunft	Futur	Morgen **wird** es **regnen**.
Imparfait	Vergangenheit	Imperfekt	Als ich jung **war**...
Impératif	Befehlsform	Imperativ	**Geh** schon!
Infinitif	Grundform	Infinitiv	Wir werden **sehen**.
Nom	Hauptwort	Substantiv	**Paul** mag **Katzen** gern.
Participe passé	Mittelwort der Vergangenheit	Partizip Perfekt	Sie hat **geschrieben**.
Passé composé	vollendete Gegenwart	Perfekt	Wir **sind** zu Fuß **gegangen**.
Passif	Leideform	Passiv	Ich **wurde bestohlen**!
Pluriel	Mehrzahl	Plural	Wir haben zwei **Autos**.
Plus-que-parfait	Vorvergangenheit	Plusquamperfekt	Sie **war** schon **gegangen**.
Préposition	Verhältniswort	Präposition	Luc lebt **in** Lyon.
Présent	Gegenwart	Präsens	Ich **esse** ein Brot.
Pronom	Fürwort	Pronomen	**Er** ist angekommen.
Pronom démonstratif	hinweisendes Fürwort	Demonstrativpronomen	Ich nehme **diesen** Rock.
Pronom indéfini	unbestimmtes Fürwort	Indefinitpronomen	Hast du **alles** dabei?
Pronom interrogatif	Fragefürwort	Interrogativpronomen	**Wer** ist das?
Pronom personnel	persönliches Fürwort	Personalpronomen	**Wir** fahren nach Marseille.
Pronom possessif	besitzanzeigendes Fürwort	Possessivpronomen	Das ist **mein** Bruder.
Pronom réfléchi	rückbezügliches Fürwort	Reflexivpronomen	Sie wäscht **sich** gerade.
Pronom relatif	bezügliches Fürwort	Relativpronomen	Das ist der Film, **den** ich gesehen habe.
Singulier	Einzahl	Singular	Wir haben ein **Auto**.
Superlatif	2. Steigerungsform	Superlativ	Paris ist **die schönste** Stadt Frankreichs!
Verbe	Tätigkeitswort	Verb	Sie **geht** ins Büro.

Stichwortregister

à 6 – 7, 128, 131, 134
Abgeleitete Adverbien 29 – 30
Adjektiv 19 – 27
Adverb 28 – 32
Akkusativ 16
Artikel 6 – 11
aucun 51
Aussagesatz 104

beau 23 – 25
Bedingungssatz 114 – 116
Bestimmter Artikel 6 – 7
Bruchzahlen 125

ce que 114
ce qui 114
certain 52
chacun 52
chaque 52

Dativ 16
Datumsangabe 126
de 6 – 7, 10, 129, 135
Demonstrativbegleiter 46
Demonstrativpronomen 47
Direkte Objektpronomen 36 – 38
dont 111

en 7, 41 – 43, 129, 132, 135

Fragepronomen 105 – 107
Fragesatz 104 – 110
Futur composé
  (Bildung) 78
  (Gebrauch) 95
Futur I
  (Bildung) 78 – 79
  (Gebrauch) 95

Futur II
  (Bildung) 80
  (Gebrauch) 96

Genitiv 16
Gerundium
  (Bildung) 85
  (Gebrauch) 97 – 98
Grundzahlen 120 – 123

Höflichkeitsform 35

Imparfait
  (Bildung) 70 – 71
  (Gebrauch) 92 – 93
Imperativ 85 – 86
Indefinitpronomen 51 – 55
Indirekte Frage 116 – 119
Indirekte Objektpronomen
  39 – 40
Indirekte Rede 116 – 119
Intonationsfrage 104
Inversionsfrage 109 – 110

Komparativ 25, 31 – 32
Konditional I
  (Bildung) 81 – 82
  (Gebrauch) 96
Konditional II
  (Bildung) 83
  (Gebrauch) 97
Konjunktionen 137 – 139

Ländernamen 7

Mengenangabe 10, 59 – 60

Nominativ 16
nouveau 23 – 25

Objektpronomen 36 – 40
on 53
Ordnungszahlen 123 – 125

Partizip Perfekt 84
Partizip Präsens
  (Bildung) 84 – 85
  (Gebrauch) 97
Passé composé
  (Bildung) 72 – 74
  (Gebrauch) 93
Passé simple
  (Bildung) 76 – 77
  (Gebrauch) 94 – 95
Passiv 90
Personalpronomen 33 – 36
personne 53
plusieurs 53
Plusquamperfekt
  (Bildung) 75
  (Gebrauch) 93 – 94
Positiv 25, 31 – 32
Possessivbegleiter 48
Possessivpronomen 49
Präpositionen 128 – 136
Präsens
  (Bildung) 61 – 70
  (Gebrauch) 92
Pronomen 33 – 55

que 108, 111, 116
quelqu'un 53
quelque chose 53
quelque(s) 53 – 54
qui 107 – 108, 110

Reflexive Verben 70
Reflexivpronomen 41
Relativsatz 110 – 114
rien 53

Satzarten 104 – 119
si 114 – 116
Steigerung 25 – 27, 31 – 32
Subjonctif
  (Bildung) 86 – 89
  (Gebrauch) 99 – 103, 139
Subjonctif passé 89
Substantiv 12 – 18
Superlativ 26, 31 – 32

Teilungsartikel 8 – 10
tout 54

Uhrzeit 126 – 127
Unbestimmter Artikel 8
Unverbundene Personalpronomen
  35 – 36
Ursprüngliche Adverbien 28

Verben 61 – 91
Verbundene Personalpronomen
  33 – 35
Verneinung 10, 56 – 60
vieux 23 – 25

y 44 – 45

Zahlen 120 – 127
Zeitangabe 126 – 127

142